KB004804

지식점프

지식창조의 금맥을 찾아서

지식점프 – 지식창조의 금맥을 찾아서

2004년 7월 15일 초판 1쇄 발행
2013년 4월 30일 초판 13쇄 발행

지 은 이 | 이홍
펴 낸 곳 | 삼성경제연구소
펴 낸 이 | 정기영
출판등록 | 제302-1991-000066호
등록일자 | 1991년 10월 12일
주   소 | 서울시 서초구 서초2동 1321-15 삼성생명 서초타워 30층
         전화 3780-8153(기획), 3780-8084(마케팅)
         팩스 3780-8152
         e-메일 seribook@seri.org

ⓒ 이홍 2004
ISBN | 978-89-7633-240-0 04320
      978-89-7633-211-0(세트)

삼성경제연구소 도서정보는 이렇게도 보실 수 있습니다.
홈페이지(http://www.seri.org) → SERI 북 → SERI 연구에세이

009 **SERI** 연구에세이

지식점프
지식창조의 금맥을 찾아서

이 홍 지음

삼성경제연구소

경영학 공부를 할수록 나자신에 대하여 더욱 더 많은 회의를 느끼게 된다. 도대체 내가 알고 있는 것이 무엇일까? 나는 무엇으로 한국의 기업들에게 기여하고 있을까?

　시간이 흐를수록 결론은 하나로 귀결되었다. 나는 아는 것이 하나도 없다. 내가 기업들에게 이건 이렇고 저건 저렇고 조언하는 것이 말이 되는지 회의가 갈 때가 많다. 지금 한국의 기업들은 죽느냐 사느냐의 사투를 벌이고 있다. 그런데 이들에게 한가로운 이야기나 하고, 그마저도 여기 저기 서양문헌을 뒤져 얻은 지식을 전달하는 것이 고작 내가 할 수 있는 일이었다.

　나에 대한 회의감이 엄습하면서도 한 가닥 희망을 가지기 시작하였다. 그 어려운 경영환경에서도 놀랍게 머리를 들고 일어서는 한국의 기업들을 관찰할 수 있는 행운을 가지면서이다. 아 그래. 이들 기업의 경험이라도 졸여내 보자. 이게 내가 할 수 있는 최소한의 기여가 아닐까 생각되었다. 이 책은 그렇게 하여 쓰기로 마음 먹은 것이다.

　다행스럽게도 이 글은 상당부분 미리 준비되어 있었다. 산업자원부의 프로젝트를 매일경제신문과 같이 하면서 일단의 초안들이 잡혔다. 이 글들을 일부 손질하고 최근의 새로운 관찰

결과를 덧붙인 것이 이 책의 내용이다.

최근 경험 가운데 하나가 LG전자 창원공장이다. 이 공장을 가 보고 나는 놀라지 않을 수 없었다. 이 기업은 한국에서는 미래가 없다고 하는 백색가전을 세계적인 수준으로 끌어 올려 놓았다. 이 기업의 모든 것이 나에게는 충격 같은 것이었다. 이 기업을 관찰하기 위해, 나는 석박사과정 학생들을 데리고 창원공장에 내려가 살았다. 관찰 결과는 박사학위논문이 되었으며 일부는 재정리되어 이 책의 말미에 담겼다.

감동을 주는 기업들이 창원공장만은 아니었다. 삼성종합화학도 기업의 지식생성이란 이렇게 하는 것이구나를 눈뜨게 해 준 고마운 기업이었다. 사실 삼성종합화학의 이야기는 훨씬 길게 기술할 필요가 있었다. 부서를 중심으로 지식점프를 이루어 나가는 모습은 정말 환상이었다. 그럼에도 글의 흐름상 이 책에서 자세히 기술하지 못하였다. 아쉬움이 남는 대목이다. 이런 아쉬움은 이 책에 소개된 여러 회사에 대해서도 마찬가지다.

이 책을 쓰면서 최선을 다해 보려고 노력한 부분이 하나 있다. 참고문헌을 최소화한 글을 쓰고 싶었다. 그럼에도 참고문헌이 없을 수는 없다. 글의 중간 중간에 해당하는 학자들의 이름을 붙여 두었고 흐름상 해당 학자의 이름을 달지 못하는 경우에는 각주로 참고문헌을 남겨 두었다.

이 책은 고마운 분들에 의하여 빛을 보게 되었다. 먼저 삼성경제연구소의 유한호 상무와 임진택 팀장에게 감사를 드린다. 유 상무는 이 책을 쓰게 된 직접적인 계기를 주었고 임 팀장은 이 책의 출간을 맡아 주었다. 또한 이 책을 쓰겠다고 제안서를 제출하였을 때 허락을 해주신 삼성경제연구소의 정구현 소장님에게도 감사를 드린다. 고 김인수 교수님과 인문회 회원들에게도 감사를 드린다. 고 김인수 교수님은 나의 자랑스런 은사로 그나마 이 정도의 책이라도 쓸 수 있는 지적배경을 만들어주신 분이다. 인문회는 김인수 교수님의 제자모임이다. 이들이 많은 성원을 해주었음은 물론이다. 광운대 제자들의 얼굴도 아른거린다.

지금은 돌아가셨지만 장인어른과 장모님도 생각이 난다. 나의 부모님에게도 감사를 드린다. 아들이 책을 썼다고 드릴 때마다 자랑스러운 눈빛을 숨기지 않으시는 분들이다. 내 아내를 빠뜨릴 수는 없다. 글 쓰는 것이 한두 시를 넘겨 잠을 설치게 하여도 짜증 한번 안 내는 고마운 사람이다. 이 정도보다는 좀더 잘 쓸 수 있는 능력을 주셨어도 별문제가 없으셨을 텐데도 이것밖에 능력을 주시지 않은, 그러면서 항상 한계를 느끼면서 살아가라고 명령하시는 하나님께 마지막으로 감사를 드린다.

2004년 7월
이 홍

차례

글을 열면서

길거리에 나서면 가격이 다른 여러 종류의 카세트 테이프를 볼수 있다. 어떤 것은 칠천 원을 주어야 한다. 어떤 것은 삼천 원이다. 또 어떤 것은 만 원을 넘어서는 것도 있다. 여기서 바보 같은질문을 하나 해보자. 왜 이들 카세트 테이프는 가격이 다를까?

카세트 테이프의 외관만 보면 별 차이가 없다. 혹 투명한 모습을 하고 있는 것이 있지만 겉모습이나 안에 들어 있는 자기 테이프 등을 찬찬히 살펴보면 대부분의 카세트 테이프는 비슷하다. 그런데 왜 사람들은 겉모습이 거의 똑같은 카세트 테이프를비싸게 혹은 싸게 사는 것일까? 이 답을 찾기 위하여 고민을 하는 사람들은 거의 없을 것이다. 카세트 테이프의 가격은 카세트테이프라는 외관에 의하여 정해지는 것이 아니라 그 안에 어떤 내용이 들어 있는가에 의하여 결정되기 때문이다.

카세트 테이프의 가격들이 서로 다르다면 어떤 테이프를 만들어 팔아야 할까? 답은 자명하다. 비싸게 팔 수 있는, 그래서 이익이 많이 남을 수 있는 카세트 테이프를 만들어 파는 것이 정답이다. 한국이라는 나라는 그동안 어떤 종류의 카세트 테이프를 만들어 팔았을까? 조금 과장한다면 불행히도 우리는 공테이프 혹은 공테이프 수준에 가까운 테이프를 만들어 생계를 유지해 왔다. 공테이프는 카세트 테이프 중 가장 싸다. 공테이프라고 만 원짜리 테이프와 외관상으로 차이가 있는 것은 아니다. 동일하다. 하지만 가격은 제일 싸다. 그 안에 내용물이 없기 때문이다. 한국은 그동안 세계에서 가장 싼 테이프 국제 하청공장으로서의 역할을 해 왔다.

외관은 비슷하지만 한국산 섬유 제품은 싸다. 자동차의 외관도 쉽게 구분하기 어렵다. 하지만 한국의 자동차는 싸구려라는 인식이 깔려 있다. 미국시장에 진열된 전자제품들은 다른 나라 제품보다 훨씬 싼 값에 팔렸다. 그런데 이마저도 어려운 상황이 전개되었다. 중국이 공테이프 국제 하청공장에 도전하면서 한국의 공테이프 제조 경쟁력이 뒤지기 시작한 것이다. 공테이프는 무조건 싸게 만들수록 유리한데 중국은 이 점에서 우리보다 강하기 때문이다. 그들의 값싼 노동력을 당해 낼 재간이 없다. 이런 연유로 한국의 섬유 제품은 미국시장에서 밀려났다. 전통적인 강세를 가지고 있던 한국의 인형들도 중국 인형들에게 자리를 내주었다. 신발산업은 산업 자체가 휘청거렸다. 전자제품도 밀리기 시작했다.

이제는 어떻게 해야 하는가? 두 가지 방법이 있다. 하나는 중국보다 더 싸게 공테이프를 만드는 방법을 개발해야 한다. 값싼 노동력에 의존하여 싼 테이프를 만드는 방법은 중국이 세계 최고이므로, 완전히 새로운 제조방법이 필요하다. 그래서 아무리 값싼 노동력으로 덤벼도 이를 극복할 수 있는 제조방법을 개발할 필요가 있다. 두 번째 방법은 공테이프 생산을 포기하고 비싼 카세트 테이프를 만들어 팔 궁리를 하는 것이다. 비싸도 기꺼이 돈을 내고 살 수 있는 그런 테이프를 만들어야 한다.

위의 어느 전략이 되었든, 한국은 이전과는 전혀 다른 능력을 필요로 한다. 그 능력이란 새로운 지식을 창조하는 것을 말한다. 중국처럼 싼 노동력에 의존하는 방식으로는 절대 중국을 이겨낼 수 없다. 뭔가 기존의 방식과는 전혀 다른 생산지식이 필요하다. 비싼 카세트 테이프를 만들기 위해서는 더더욱 새로운 지식이 필요하다. 지금까지 경험해 보지 못한 새로운 제품과 제조방법을 개발해야 한다. 기존의 것이라도 사지 않고서는 못 견딜 만큼 획기적으로 개량된 제품이나 서비스도 필요하다.

이러한 지식의 습득과 개발의 문제는 우리나라 전산업에 걸친 문제이다. 한국의 전산업은 글로벌 경쟁환경에서 급속히 경쟁력을 잃어가고 있다는 우려가 매우 깊다. 여기서 빠져나오려면 모두 새로운 지식으로 무장할 필요가 있다.

하지만 그것이 쉬운 일인가? 우선 살기부터 해야 한다는 다급한 마음이 한국의 많은 기업들에 불어닥쳐, 이들을 중국으로 건너가게 만들었다. 새로운 지식이고 뭐고 싼 노동력이 최고라는 의식이 한몫 했다. 임금에서 밀리니 싼 임금을 찾아 건너가기 시작한 것이다.

중국으로 탈출하는 것도 한 방법이기는 했지만, 다행히 이런 일 없이도 국제 경쟁력을 갖춘 기업들이 한국에서 나타나기 시작했다. 한국의 자동차는 미국에서 팔리는 자동차 중 가장 싼 차에 속했다. 한국차 생산의 대표주자인 현대자동차가 수출했던 '엑셀'은 싸구려 자동차의 전형이었다. 현대자동차가 미국 시장에서 일본의 도요타나 혼다의 동급 차종보다 비싸게 팔릴 수 있을까? 이러한 질문에 대한 긍정적 대답은 몇 년 전만 해도 영원히 불가능할 것처럼 보였다. 그러나 최근 현실이 다른 양상으로 전개되기 시작했다. 드디어 한국의 자동차 가격이 일본차에 근접하거나 그것을 따라잡기 시작한 것이다. 현대자동차의 3000cc 그랜저 XG는 도요타 캠리 V6보다 비싸게 팔린다. 수출 주력 품목 중의 하나로 자리잡은 싼타페도 동급의 혼다 CR-V와 비슷한 가격에 팔린다.

삼성전자의 핸드폰은 세계시장에서 부의 상징으로 여겨질 정도로 비싼 값에 팔리고 있다. 삼성전자의 모니터와 TV는 일본의 아성을 넘어서기 시작했다. D램 반도체는 타의 추종을 불허한다. LG전자의 '휘센' 에어컨은 전세계 40개 국에서 시장점유율 1위로 우뚝 섰다. 인도에 가면 LG전자의 제품은 세계 최고수준으로 대접받는다. 이뿐만이 아니다. 오토바이 헬멧을 만드는 홍진크라운은 세계에서 가장 비싼 헬멧을 만드는 기업의 대명사이다. 은성코퍼레이션은 극세사 클리너 시장의 세계 최강자이다. 극세사는 머리카락 1/100 굵기의 실을 말한다. LG화학은 차세대 항생제를 개발하여 한국의 제약산업에 새로운 획을 그었다. 삼성종합화학은 세계 어느 화학회사도 해본 적 없는 공정 혁신을 일으켰다. 나프타 공장의 신호변환기를 설비가동 중단 없이 전세계에서 처음으로 4시간 만에 교체하는 쾌거를 이룬 것이다.

이들 기업에서 무슨 일이 벌어진 것일까? 첫째는 이들 기업들이 드디어 공테이프 생산에서 빠져나와 비싼 테이프를 만들기 시작한 것을 들 수 있다. 둘째는 비록 공테이프를 만들어도 옛날처럼 만들지 않는다는 점을 꼽을 수 있다. 중국의 공테이프 생산에 비하여 훨씬 효율적으로 제조하는 방법을 터득한 것이다. 도대체 어떤 일이 일어난 것일까?

이들 기업들은 바로 지식점프를 경험했다. 지식점프는 이들에게서만 나타난 것은 아니다. 여러 유형의 기업들에게서 비슷한 현상들이 발견되고 있다. 만일 이들 기업들의 경험을 추출해낼 수 있다면 지식점프에 어려움을 겪고 있는 다른 기업들에게 도움이 될 수 있다. 우선 중국으로 넘어가고 보자는 기업들에게도 잠시 생각해 볼 여유를 만들어 줄 수도 있다. 왜냐하면 일단 지식점프에 성공하면 몇 년의 생명을 연장하기 위하여 중국에 가는 것보다 더 오랜 자생력을 얻을 수 있기 때문이다.

자 이제 지식점프의 짜릿한 경험을 만나보러 가자.

무엇이 지식점프인가?

기업이 질 좋은 지식을 많이 가지고 있으면 두 가지 능력이 커지게 된다. 먼저 환경에 대한 적응력이 커진다. 환경적응력이란 경영환경 변화에 따라 기업이 빠르게 대응하거나 변신하는 능력을 말한다. 또 다른 측면에서는 환경창출력이 좋아진다. 환경이 요구하는 대로 변신하고 대응한다는 말에는 환경이 주체자이고 기업은 수동적으로 움직인다는 개념이 담겨 있다. 기업에 따라서는 자신에게 유리한 새로운 환경을 주체적으로 만들어 가기도 하는데, 이것이 환경창출력이다. 이 두 가지를 가능하게 하는 원동력이 질 좋은 지식이다.[1] 환경적응력도 환경창출력도

---

1 이홍(1999), 『한국기업을 위한 지식경영』, 서울 : 명경사.

발휘할 수 없는 낮은 수준의 지식에서 환경적응력과 창출력을 높이는 질 좋은 지식으로 옮겨 가는 것, 이것이 지식점프이다.

기업지식은 두 가지의 차원으로 나누어 설명할 수 있다. 하나는 지식의 구성요소이고 다른 하나는 이들을 담고 있는 틀(프레임워크)이다. 이 두가지 지식차원에서 급격한 변화가 일어나면 지식점프가 일어난다. 이들을 설명하기 위한 것이 〈그림 2-1〉이다.

두 차원의 변화에 따라 세 가지 유형의 지식점프 현상이 있을 수 있다. 첫째는 지식 구성요소의 변화는 크지 않으나 지식을 담고 있는 프레임워크에 큰 폭의 변화가 생긴 경우이다. 지식응용이 일어났다고 말할 수 있다. 둘째는 지식의 틀에는 변화가 없으나 지식요소의 변화가 대폭으로 이루어진 경우이다. 지식갱신이 일어나게 된다. 셋째는 지식요소와 틀 모두에서 변화가 발생한 경우로, 지식점프의 정도가 가장 크며 지식약진이 일어난다. 지식점프 현상에는 단순개량과 같이 기존사고 틀 내에서 적은 지식요소의 변화가 일어나는 경우는 포함되지 않는다. 지식에

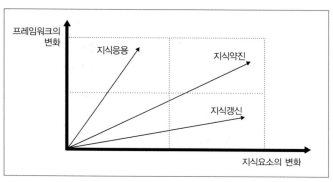

● 그림 2-1 **지식점프의 두 차원과 지식점프의 종류**

유용하지 않아서가 아니라 그 상대적인 변화가 적기 때문이다.

지식응용, 갱신, 약진은 조직이 학습을 할 때 나타난다. 기존 지식의 연장선에서 점진적으로 지식이 변화하는 것을 수정학습이라고 한다. 이 때는 주로 잘못 수행되었거나 비정상적인 것을 정상적인 상태로 수정하는 행위들이 일어난다. 불량률을 줄이기 위해 기존 설비를 개량하는 경우가 이에 해당한다. 수정학습은 문제가 발생하면 그제서야 대응하므로 반응학습이라고도 할 수 있다. 그런데 지식응용, 갱신 그리고 약진은 이러한 수정이나 반응학습이 아닌 기존 지식에 급격한 변형을 가하는 학습에 의하여 일어난다.

지식응용, 갱신 및 약진에 해당하는 한국기업의 사례는 최근 들어 그 발생빈도가 잦아지고 있다. 지식응용의 경우는 만도위니아의 '딤채'가 좋은 예다. 만도위니아는 원래 에어컨을 만들어 온 회사이다. 자사가 익숙하게 사용했던 에어컨의 냉각기술을 김치냉장고라는 새로운 그릇(프레임워크)으로 담아 낸 것이 '딤채'(김치의 고어)이다. 김치의 맛은 항아리에 담아 땅속에 묻어 두어 숙성시켜야만 제맛을 만들어 낼 수 있다고 여겨져 왔다. 이런 개념을 냉장고의 형태로 변형시킨 것이 딤채이다. 에어컨과 냉장고는 온도를 낮추는 면에 있어서 기술적인 유사성이 있다. 그러나 냉장고 시장은 삼성과 LG전자 등이 아성을 구축하고 있어 진입이 쉽지 않다. 이러한 상황 속에서 자신의 지식을 응용하여 그 어느 누구도 열지 못한 새로운 시장을 연 제품이 바로 딤채이다. 이 과정에서 만도위니아는 김치숙성과 관련한 새로운 지식도 대량으로 가지게 된다. 김치숙성의 성공요

소인 1℃ 내 온도편차 기술개발이 대표적이다.

시네픽스에서 개발한 3D애니메이션 〈큐빅스〉도 지식응용의 예로 들 수 있다. 애니메이션의 국제OEM 하청 생산국이었던 한국은 창작 애니메이션의 제작경험이 매우 적다. 시네픽스는 이러한 한계를 뛰어넘어 국산 애니메이션으로는 처음으로 자체 제작한 큐빅스를 2001년 8월부터 매주 토요일 미국의 키즈워너브라더스라는 공중파를 통해 방영, 한국의 애니메이션 산업에 새로운 모멘텀을 열게 되었다. 큐빅스의 평균 시청률도 일본의 대표적 애니메이션인 〈포켓몬스터〉와 수위를 다툴 정도였다고 한다.

시네픽스가 처음부터 3D애니메이션을 제작한 것은 아니다. 이 회사는 1989년 설립된 이래 주로 컴퓨터그래픽을 이용한 광고 및 홍보 영상물을 제작해 왔다. 1996년까지 외주용역 업무를 수행했으나 채산성이 극히 나빠져 회사존립 자체가 어려워지자, 기존의 컴퓨터그래픽 기술을 응용한 새로운 사업분야를 찾던 중 1997년 3D애니메이션 분야로 진출을 시도했다. 컴퓨터그래픽 기술이 곧 3D애니메이션 제작기술의 전부는 아니었다. 기존의 지식을 새로운 분야로 적용하기 위해서는 또 다른 지식도 필요했다. 1997년 제작팀이 결정되자, 이들은 1년간 미국의 소니 픽처스에서 일하는 경험을 쌓았다. 이를 토대로 기존 지식과의 접목이 가능해지면서 컴퓨터그래픽 지식은 3D애니메이션으로 재탄생하게 되었다.

LG전자의 휘센 에어컨은 에어컨의 기본 프레임워크를 벗어나지 않으면서 초절전 기술이라는 지식요소의 변경을 통해 지식점프(지식갱신)에 이른 경우이다. 이 제품은 전세계 40개 국에서 시장점유율 1위를 점하고 있다. 이기는 것이 불가능하게 여겨졌던 마쓰시타와 미쓰비시의 에어컨을 제친 제품이다.

휘센이 이러한 강세를 보인 이유는 절전능력 때문이다. 기존의 동종제품보다 무려 60%의 전기를 절약할 수 있는 초절전 기술이 휘센의 생명이다. 휘센 에어컨은 다른 에어컨과 다르게 작동한다. 기존의 에어컨은 용량이 큰 한 대의 콤프레서가 냉매를 압축하는 방식이므로, 실내의 온도변화에 따라 이 큰 압축기를 껐다 켰다 하여 온도를 유지시킨다. 그러다 보니 콤프레서가 작동될 때마다 부하가 커져 전기소모량이 매우 많았다. 이를 용량이 작은 두 대의 콤프레서로 대체함으로써 재작동에 의한 전기부하를 획기적으로 줄인 것이 휘센 에어컨의 비밀이다. 용량이 작은 두 대의 콤프레서를 에어컨 작동 초기에 모두 가동시키다가 일정한 온도에 도달하게 되면 한 대의 콤프레서는 꺼지고 다른 한 대만으로 구동하는 방식이다.

지식점프는 완제품에서만 일어나는 것은 아니다. 생산흐름과 같은 공정체계에서도 일어난다. 삼성종합화학은 주로 나프타를 분해하여 여러 종류의 화학제품을 생산하는 기업이다. 대부분의 생산은 장치조작에 의하여 이루어지는데, 장치산업에서는 설비가동을 중단시키지 않고 연속가동을 얼마나 실현시키느냐 하는 것이 매우 중요하다. 하지만 설비가동을 어쩔 수 없이 중단해야 하는 일도 발생한다. 그런 일이 벌어졌다. 나프타 분해공장의 분해가스 압축기 터빈에서 문제가 생겼다. 고압축 조절밸브를 제어하는 제어기의 신호변환기에 문제가 생긴 것이다. 이 경우 미국이나 유럽·일본 등에서는 공정의 안정성을 중요시 하여 공장을 정지시킨 뒤 교체작업을 한다. 이를 위해서는 사전의 계획생산을 통해 일정량의 재고품을 생산하여 쌓아 두어야 한다. 교체기간 동안에는 제품생산을 하지 못하므로, 신호변환기 교체시마다 여러 가지 손해가 발생하게 된다.

삼성종합화학은 여기에 도전하기로 마음 먹었다. 공장을 정상적으로 가동시키면서 신호변환기를 교체하자는 것이었다. 반대도 만만치 않았다. 선진국에서도 공장가동을 정지시킨 후 하는 작업을 무리하게 시도했다가는 더 큰 문제가 발생한다는 것이었다. 생산부서와 기술부서 그리고 계전팀을 중심으로 4개월에 걸친 공부가 진행되었다. 이를 통해 교체를 위한 완벽한 지식을 습득했다. 그리고 이들은 불과 4시간 만에 신호변환기를 완벽하게 교체했다. 세계적으로도 희귀한 지식갱신이 삼성종합화학에서 일어난 것이었다.

LG화학의 퀴놀론계 항생제는 지식약진의 좋은 사례이다. 값싼 모방약이나 만들어 팔아 왔던 한국의 제약업계도 신약개발이 가능하다는 사실을 증명해 보인, 그야말로 획기적인 사건이 퀴놀론계 항생제 개발이다. 이 항생제는 호흡기 감염질환을 일으키는 병원균과 기존 항생제에 내성을 보인 균에 탁월한 효과가 있는 것으로 평가되고 있다. 퀴놀론계 항생제의 개발은 기존 기업들이 꿈도 꾸지 못했던 새로운 프레임워크와 지식요소를 필요로 하는 것이었다.

한국에서의 신약개발은 대부분 복제전략이 주종을 이루어 왔다. 그만큼 한국의 신약개발능력은 매우 취약하다. 이러한 상태에서 퀴놀론계 항생제의 개발은 복제라는 신약개발지식의 프레임워크를 뛰어넘지 않으면 안 되었다. 여기에 복제수준의 지식이 아닌 새로운 화합물 합성지식과 같은 전혀 새로운 지식요소도 필요했다. 이 모두를 뛰어넘은 것이 퀴놀론계 항생제 개발이다. 〈그림 2-2〉에 지금까지의 사례를 정리했다.

이쯤에서 지적해야 할 사항이 하나 있다. 지식점프는 절대적인 의미를 지니는 것은 아니라는 점이다. 이것은 지식점프이고 저것은 지식점프가 아니라는 객관적인 판단기준이 있지는 않다. 지식점프가 있었느냐 아니냐의 판단은 전적으로 기업 스스로에게 맡겨진다. 다른 기업의 입장에서는 지식변화의 폭이 적은 것처럼 보여도 어떤 기업에게는 지식점프라고 표현할 만큼 큰 폭의 지식변화로 평가될 수 있다. 이 때 평가자는 그 기업이고 평가기준은 현재 지식수준에서의 변화 정도가 된다. LG화학의 퀴놀론계 항생제는 세계적 수준으로 보면 지식갱신 수준에 해당하는 지식점프이다. 하지만 LG화학의 입장에서는 이전과는 전혀 성질이 다른 지식을 생성해 낸 것이다. 따라서 지식약진으로 표현할 수 있게 된다.

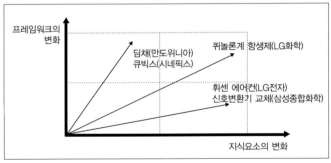

● 그림 2-2 **지식점프의 사례**

지식점프는 어떻게 이루어지는가?

어떻게 하면 지식점프를 할 수 있을까? 솔직히 말해 순간적으로 지식점프에 이르는 묘책은 이 세상 어디에도 존재하지 않는다. 지식점프는 마음만 먹는다고 되는 것은 아니기 때문이다. 많은 고통이 수반되는 일이기도 하다. 그래서 지식점프를 누구나 쉽게 이루지는 못한다. 그렇다고 지식점프가 비밀스러운 것이거나 특별한 회사에게만 주어지는 축복이란 뜻은 아니다. 지식점프에 이르거나 수많은 지식점프를 이루어내는 기업들에게는 공통점이 있다. 이 공통점을 찾아내어 실행할 수 있다면 모든 기업이 지식점프에 이를 수 있다. 이 공통점은 무엇일까?

앞에서 소개한 지식점프 사례들에서 기업들이 한결같이 경험한 사실이 하나 있다. 지식점프를 촉발시킨 이유가 동일하다는 점이다. 이것은 다름 아닌 이들이 자신에게 스스로 던진 의도적인 문제였다. LG전자의 에어컨은 국내시장에서조차 항상 2등에 머무르는 취약한 경쟁력을 보여주었다. 여름 한철이나 국내시장에서 반짝하다 마는 골치 아픈 사업이었다. 어쩌다가 시원한 여름이 되면 에어컨 사업은 죽을 쑤었다. 그렇다고 수출을 많이 할 수 있는 처지도 못 되었다. 국내 시장에서조차 밀리는 제품으로는 막강한 에어컨 사업자들이 군림하고 있는 세계시장에 명함을 내밀기도 벅찼다. 이 사업을 접느냐 마느냐의 기로에 놓인 LG전자는 이러한 상황을 타개하기 위해 무언가 획기적인 조치가 필요했다. 중국으로 생산기지를 그냥 넘겨 버리면 문제는 간단해진다. 그렇지 않아도 한국에서는 에어컨 같은 제품을 생산하는 것이 바보 같은 일로 여겨지기 시작하던 터였다.

이러한 간단한 방법을 취하기 전 LG전자는 에어컨시장을 다시 살펴보았고, 에어컨의 고질적인 문제는 전기소모량임을 재확인하게 되었다. 전에는 그저 에어컨은 당연히 전기를 많이 소모하는 제품이라고 생각했다. 제품이 없어서 못 팔았기 때문에 전기소모량을 대수롭게 생각하지 않았다. 하지만 사업을 접느냐 마느냐의 기로에 서자 이 문제는 다르게 보였다. 초절전 에어컨을 개발한다면 LG전자 에어컨의 미래를 되살려 볼 수 있다는 생각에 이르게 되었다. 그래서 LG전자는 기존 에어컨보다 50% 이상 절전 가능한 에어컨을 무조건 개발한다는 절체절명의 과제를 스스로에게 던지게 되었다. 그 결과 탄생한 제품이 휘센 에어컨이다.

김치냉장고의 개발도 유사하다. 만도위니아의 전신은 만도공

조로, 차량용과 산업용 에어컨을 전문적으로 만들던 회사였다. 이 회사가 심각한 경영난에 봉착하게 되자, '이를 어떻게 돌파할 수 있을까?' 하며 많은 고심을 했다. 중국으로 가 버릴까도 생각했다. 이런 고민을 하던 중 만도공조는 자사가 가장 잘 알고 있는 에어컨기술에 주목하게 되었다. 이 기술을 접목할 수 있는 곳이 없을까? 이렇게 하여 결정된 것이 김치냉장고의 개발이다. 하지만 냉동기술을 가정용 냉장고에 이용하는 것과 김치냉장고에 이용하는 것에는 큰 차이가 있었다. 가장 커다란 문제는 일반 냉장고 형태로 만들어서는 김치를 숙성시키는 것이 불가능하다는 점이었다. 이 문제에 도전한 끝에, 결국 기존 냉장고로서는 해결할 수 없었던 1℃ 온도편차 기술을 확보함으로써 딤채라는 김치냉장고가 탄생하기에 이르렀다.

LG화학의 퀴놀론계 항생제 개발 역시 LG화학이 의도적으로 자신에게 문제를 던지면서 시작되었다. LG화학은 지금까지 외국 의약품을 단순 복제개발 하는 정도로 제약사업을 해 왔으나, 이러한 전략으로는 기업성장에 한계가 있음을 뼈저리게 느꼈다. 1987년 물질특허제도가 도입되면서 외국 제약사의 제품들을 모방 생산하는 것이 원천적으로 봉쇄되기에 이르렀기 때문이다. 결국 LG화학은 자신에게 큰 숙제를 하나 주었다. LG화학만이 가질 수 있는 신물질을 개발하자는 것이었다. 이 위험한 숙제를 해결하면서 퀴놀론계 항생제를 개발했다.[2]

현대자동차의 역사는 끊임 없이 의도적인 문제를 스스로 만들

---

2 이춘근(2000), "조직능력과 지식창출 - 퀴놀론계 항생제 개발과정에 대한 현상학적 연구", 고려대학교 대학원 경영학과, 박사학위 논문.

고 그 속으로 뛰어드는 역사라고 해도 과언이 아니다. 그 결과
는 세계시장에서 겨룰 만한 지식점프로 나타났다. 현대자동차
도 처음에는 남의 자동차 지식을 돈 주고 사다가 시키는 대로
자동차를 만들던 별 볼일 없는 회사였다.

이 회사가 한국의 자동차 역사를 새로 쓰게 만든 사건은 70년
대로 거슬러 올라간다. 지금의 시각에서 보면 엉성하기 그지없
는 '포니'라는 자동차의 개발이 그 시발이다. 포드가 주는 자동
차 기술을 가지고 그저 시키는 대로 포드의 구형모델을 생산해
서 판매해도 먹고 살기에 문제가 없었던 이 기업이, 스스로에게
풍지평파를 일으킬지도 모르는 문제를 던진 것이다. 자동차 생
산 10년도 안 된 회사가 자기 모델을 가진 독자적인 차를 만들
겠다고 나선 것이다.

그것이 포니이다. 포니는 당시 자동차 기술 1위 기업인 대우
자동차를 제치고 세계시장에서 경쟁해 볼 만하다는 자신감을
안겨준 차종이다. 자칫 실패하면 회사를 나락으로 빠뜨릴지도
모르는 거대한 문제 속으로 자신을 내던진 결과였다. 이렇듯 지
식점프의 이면에는, 그것이 상황적이든 전략적이든 기술적이든
기업 스스로 자신에게 던진 의도적인 문제가 개입되어 있다. 그
리고 이 문제를 해결하기 위하여 끈질기게 노력했다. 이는 지식
점프로 이르는 길을 이해할 수 있는 매우 좋은 단서이다.

왜 의도적인 문제가 중요하다는 말인가? '의도적인 문제'란
무엇이며 어떤 역할을 하는 것일까? 문제란 현재의 상태와 이상
적인 상태 사이의 갭을 말한다. 의도적인 문제란 스스로 설정한
이상적인 상태와, 이것이 없었다면 존재하지 않았을 현재상태

와의 갭을 말한다. LG전자가 초절전 에어컨을 개발하겠다는 목표(이상적인 상태)를 설정함으로써 스스로 초절전 기술이 없음을 인식한 것이 의도적인 문제라고 말할 수 있다.

의도적인 문제가 지식점프에 중요한 이유는 크게 두 가지로 설명할 수 있다. 첫째, 이들 문제를 해결해 나가는 과정에서 어마어마한 학습이 이루어진다. 어떤 기업이 오래 생존하는가라는 의문에 대해, 경영학자들은 자신의 고유한 지식과 이를 통한 역량이 풍부한 기업이라고 답하고 있다. 이 고유한 지식과 역량을 쌓는 유일한 길이 학습이다. 이 학습이 풍부하게 일어나기 위해서는 의도적인 문제라는 것을 가지고 있어야 한다. 학교에서 학생들이 기본원리만 배워서는 시험을 잘 볼 수 없다. 문제를 풀어 보아야 한다. 문제를 다루는 과정에서 어떤 기본원리에 대한 이해가 부족했는지, 그리고 기본원리들이 어떻게 서로 만나 응용이 이루어지고 있는지를 알아야 한다. 원리만 달랑 배워서는 시험이라는 실전에 나서지 못한다.

기업도 마찬가지이다. 기업은 매순간마다 시장이라는 경연장에 나선다. 이 경연장에서 궁극적으로 승리하기 위해서는 온갖 문제를 풀고 또 풀어 보아야 한다. 불행히도 기업에게는 문제를 내 주고 학습을 시켜 주는 선생님이나 과외교사를 구하기가 쉽지 않다. 돈을 주고 기술지식을 사와 과외공부를 한다고 해도 그 기술공급자가 높은 수준의 학습까지 시켜 주지는 않는다. 나중에는 자신의 뒤통수를 쳐 자기보다 앞서나가는 것이 겁나기 때문이다. 결국 학습은 스스로 하여야 한다. 그러므로 학습을 위하여 스스로 자기에게 의도적으로 문제를 내는 것이 매우 중요하다.

의도적인 문제가 중요한 두 번째 이유는 문제풀이를 하는 과정에서 다른 기업들이 도저히 가질 수 없는 자사 특유의 지식을 가지게 된다는 점이다. 기업경쟁력의 핵심은 기업특유지식이다. 남들도 다 알고 있는 지식을 가지고서는 도저히 경쟁에서 이길 수 없다. 한때 한국의 섬유산업은 막강한 경쟁력을 가지고 있었다. 싼 값에 팔리기는 했어도 미국시장에는 온통 한국산 섬유가 주종을 이루었다. 그런데 이 산업이 쉽게 무너지고 말았다. 왜 그랬을까? 답은 자명하다. 한국 섬유산업의 경쟁력은 한국기업에 특유한 지식으로 무장되어 있지 못했기 때문이다. 왜 그랬을까? 그 이유도 간단하다. 스스로 문제를 내고 문제풀이를 하면서 한국 섬유업체들만의 차별성 있는 지식창조에 실패했기 때문이다.

조금만 똑똑하면 누구나 가질 수 있는 그런 지식 위에서 위태롭게 버티다 붕괴한 것이다. 그러고서는 황급히 중국으로 뛰어 도망가기 시작했다. 중국으로 간들 이런 기업들의 수명은 오래

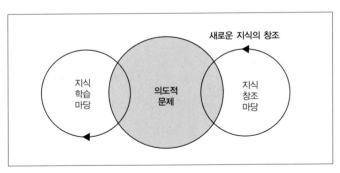

● 그림 3-1 **의도적 문제의 역할 : 지식의 학습마당과 창조마당 제공**

가지 않는다. 곧 인건비 상승에 부딪치게 되고, 또 다른 나라로 옮겨가지 않으면 생존이 다시 위태로워진다. 자신에게만 독특한 지식이 없기 때문이다. 〈그림 3-1〉이 지금까지의 이야기를 정리해 주고 있다. 의도적인 문제를 중심으로 지식의 학습마당과 창조마당이 전개되고 있음을 상징적으로 보여준다.

의도적 문제를 통한 학습과 지식창조 과정을 좀더 깊이 살펴보자. 의도적 문제가 학습을 유도하고 궁극적으로 지식을 창조하는 과정을 이해하기 위해서는 '문제공간' 이라는 것을 이해해야 한다. 문제공간은 문제들의 여러 가지 상태를 말한다. 이 상태에는 크게 3가지 종류가 있다. 하나는 최초상태로 문제가 인식되었을 때의 처음 상황을 말한다. 두 번째 문제공간은 목표상태로 불린다. 목표상태란 문제해결의 최종 목표가 달성된 상태를 말한다. 세 번째 문제공간은 중간상태이다. 최초상태에서 목표상태로 이동하는 과정에서 발생하는 문제공간을 말한다.[3] 이렇듯 최초상태에서 중간상태를 지나 목표상태로 이르는 과정이 바로 문제해결의 과정이자 학습의 과정이다. 이 과정을 통하여 새로운 지식이 창조된다. LG전자의 휘센 에어컨 개발을 통해, 문제를 통한 학습과 지식창조의 과정을 살펴보자.

최초상태 | 에어컨의 판매를 저해하는 가장 큰 문제는 전기료가 너무 많이 든다는 것이었다. 따라서 소비자들은 에어컨 구입을 꺼리거나 구입했다고 해도 가능한 한 에어컨 작동을 줄이려

---

3 Anderson, J. R.(1990), *Cognitive Psychology and Its Application*, 3rd Ed. NY : W. H. Freeman and Company.

는 행동을 보이고 있었다. 이는 구동방식에서 오는 문제였다. 기존의 구동방식은 용량이 큰 하나의 콤프레서로 냉방을 하다가 적정온도에 도달하면 꺼지고 온도가 다시 올라가면 켜지는 온-오프가 반복되어 전력 소비가 많아진다.

에어컨에 소비되는 전력 중 대부분은 꺼진 압축기를 다시 켜는 데 들어가는 것으로, 자동차의 시동을 걸 때 연료소비량이 많아지는 것과 같은 원리이다. 기존 에어컨의 구동방식은 절전에 문제가 있다고 인식하는 것, 이것이 최초의 문제상태 즉 최초상태가 된다.

목표상태 ㅣ LG전자는 기존 에어컨 판매의 최대 걸림돌이었던 전기 소모 부분에서 혁신적인 절전형 에어컨을 만들고자 했다. 적어도 전기료가 50% 정도는 절감되어야 한다는 목표를 설정하게 되는데, 이를 위해서는 새로운 구동방식의 고안이 필요했다. 이것이 목표상태이다.

중간상태 ㅣ 50%의 전기를 줄일 수 있는 에어컨을 개발목표로 잡았을 때, 이것을 구현하는 방법에는 여러 가지가 있을 수 있다. 또한 이를 찾아가는 과정에서 새로운 문제들이 등장한다. 이들이 바로 중간상태이다. LG전자가 최종적으로 찾은 해법은 용량을 반으로 나눈 두 대의 작은 콤프레서를 하나의 사이클 속에서 움직이도록 하는 것이었다. 기존의 콤프레서 생산라인의 변경을 최소화하면서 문제를 해결하자는 목적도 있었다. 그런데 문제는 이 시스템을 개발하기가 만만치 않은 점이었다. 두

몸이 한몸처럼 움직여야 할 뿐만 아니라 온도변화에 따라서는 2대의 콤프레서가 운전/정지를 각자 반복해야 했다. 여기에 2대의 콤프레서가 동시에 작동하므로 내부의 냉매나 오일을 정확히 분배하기가 어려웠다. 2대의 콤프레서로 인한 소음과 진동 문제도 해결해야 했다.

이렇듯 목표상태에 이르기 위해서는 무수히 많은 세부문제에 봉착하게 되는데, 이들이 중간상태이다. LG전자는 무수히 많은 실험과 실패를 통하여 이러한 문제들을 해결했다. 두 대의 콤프레서를 동시에 작동하기 위해 공용 어큐뮬레이터를 새로 개발하고, 냉매나 오일을 정확히 분배하기 위해 새로운 배관구조를 설계했다. 온도에 대한 제어 알고리즘도 개발했다. 이러한 과정을 거쳐 목표상태에 도달하게 된다.

〈그림 3-2〉가 휘센 에어컨의 개발과정을 보여준다. LG전자가

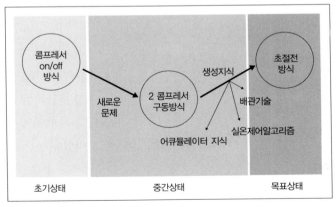

● 그림 3-2 LG전자의 휘센 에어컨 개발을 통해서 본 학습과 지식창조 과정

부딪친 최초의 문제상태는 한 대의 콤프레서 구동에 따른 과다한 전기 소모량이다. 이를 해결하기 위하여 2대의 소형 콤프레서를 이용하는 방식을 생각하게 된다. 이를 해결하는 과정에서 새로운 문제들이 던져진다. 2대의 콤프레서를 하나의 콤프레서처럼 작동시키는 것이었다. 이것을 해결하는 과정에서 LG전자는 어큐뮬레이터, 실온제어알고리즘 및 새로운 배관기술을 개발하게 된다. 이것이 문제해결 과정을 통하여 얻은 새로운 지식이다. 초절전형 에어컨 개발이라는 문제가 존재하지 않았다면 얻을 수 없는 지식이다. 다른 에어컨 회사에는 없는 LG전자만의 고유한 지식으로, 이러한 지식을 얻기 위하여 행한 각종 실험과 문헌고찰이 학습에 해당한다.

의도적 문제를 통한 학습과 지식창조의 또 다른 예는 김치냉장고 딤채 개발에서도 볼 수 있다. 딤채 개발은 지식응용을 통한 지식점프의 사례이다. 그렇다고 단순히 알고 있는 지식을 다른 제품에 적용한 것으로 생각하면 곤란하다. 지식을 응용하는 과정은 새로운 지식의 창조도 동반한다.

딤채 개발을 위한 프로젝트가 시작되자, 만도위니아는 가장 먼저 에어컨식 냉장기술이 김치를 보관하는 데 적합한가를 살폈다. 그래서 일반 냉장고를 변형한 김치냉장고를 만들어 보았다. 결과는 실패였다. 어떤 이유인지는 몰라도 김치의 숙성이 전혀 이루어지지 않았다. 단지 차게 보관할 뿐이었다. 이것이 만도위니아가 봉착한 최초상태였다. 목표는 김치를 숙성시킬 수 있는 냉장고 개발이었다.

김치냉장고를 개발하기 위해, 만도위니아는 김치부터 공부하기 시작했다. 처음에는 회사 식당 아주머니들에게서 김치 담그는 법을 배웠다. 그리고 김치 조리법이 담긴 책자는 모조리 사모았다. 전국의 김치전공 조리학 교수와 요리전문가를 찾아 다니며 비법도 전수받았다. 그러나 이것만으로는 부족했다. 김치가 맛있게 숙성되는 환경과 맛이 든 김치를 장기 보관하는 방법을 알기 위해서는 더 많은 노력이 필요했다. 이를 위해 약 1만 접(100만 포기)에 해당하는 김치를 담갔다.

김치에 대한 다양한 실험을 통해 김치냉장고는 일반냉장고와 달라야 한다는 사실을 알게 되었다. 냉장고는 본래 서양의 건조음식을 보관하기 위해 설계되었기 때문에, 김치와 같이 숙성과정을 거쳐 맛의 변화가 일어나는 음식에는 부적합했다. 가장 큰이유는 일반 냉장고의 온도편차였다. 일반 냉장고는 10도까지온도편차가 나게 된다. 이러한 온도편차는 김치를 숙성시키거나 보관하는 데 불리했다.

온도편차의 중요성을 알게 되자 숙성 최적온도에 연구가 집중되었다. 이 때부터 김치를 숙성하고 보관하는 최적장소로 알려진 땅속 온도에 관심을 가지게 되었다. 김장철인 11월 하순의땅속 온도는 5~10도 사이였고, 12월 초순 이후는 0도~영하1도로 지속되었다. 결론은 하나였다. 일단 냉장고 밖에서 숙성시킨김치는 냉장보관에 들어가면 온도가 0도~영하1도 사이로 유지되어야 신선도가 최고에 이르게 된다. 따라서 만도위니아가 가지고 있는 냉장지식을 김치냉장고에 응용하기 위해서는 온도편차 1도를 유지하는 새로운 기술이 필요했다.

드디어 1도의 온도편차만을 갖는 김치냉장고를 개발했다. 그런데 또 다른 문제가 생겼다. 이 냉장고에 보관한 김치 맛이 김장김치만큼 신선하게 유지되지 못한 것이다. 연구는 다시 미궁에 빠졌다. 연구예산은 밑 빠진 독에 물 붓기로 새 나갔다. 이러한 위기 속에서 원인을 발견하기 위하여 다시 김장의 원리로 돌아갔다. 이번에는 질그릇(김장독)에 관심을 두기 시작했다. 질그릇은 벽면과 바닥이 이음매의 재질 차이 없이 한몸을 이루고 있다는 사실에 주목했다. 이것을 무시하고 기존의 냉장고와 마찬가지로 철판을 이어 용접해서 내부 몸체를 만든 데 문제가 있었다. 제작비가 비싸더라도 일체형 몸체가 필요했다. 결과는 매우 만족스러웠다. 결국 사계절 내내 온도편차 1도를 유지하는 김치냉장고 개발이 이루어지게 되었다.

만도위니아의 딤채 사례는 지식응용을 통해서도 기업특유지식이 얻어질 수 있음을 잘 보여준다. 만도위니아는 김치 연구를 통해 김치의 맛은 김치유산균인 류코노스톡이 결정하며 특히 이 유산균이 영하1도에서 최적으로 생육됨(영하1도에서 1천 배 이상 증식)을 알게 되었다. 류코노스톡의 증식과 소멸은 김치보관온도에 따라 큰 차이를 보인다.

저장온도가 5도(일반냉장고의 냉장실 온도)에 보관된 김치는 12일 후 신맛이 나기 시작해 24일 만에 류코노스톡이 모두 소멸했다. 15도의 경우에는 (겨울철 실내 상온) 김치를 담근 지 6일 후 신맛이 나기 시작하여 10일 만에 모두 소멸한다. 그리고 25도의 상태(여름철 상온)에서는 2일 후 신맛으로 변하여 6일 만에 류코노스톡이 모두 소멸되는 것을 알게 되었다. 이에 반해 저장온도가 영하1도 상태(겨울철 김장독 내 온도)에서는 담근 지 6일 후 류코노스톡이 1천 만 개체(cfu/ml)로 증가하고 12일 후에는 4천 4백만 개체(cfu/ml)로 증가하여 4개월이 지나도 1천 만 개체(cfu/ml) 정도가 생존하는 것으로 조사됐다.

만도위니아는 무수한 실험과 연구를 통하여, 김치유산균이 최적으로 생육되고 보존되는 조건을 유지하는 것이 김치냉장고의 생명임을 알게 된 것이다. 영하1도를 편차 없이 유지할 수 없는 일반 냉장고에서는 김치유산균이 장기간 유지될 수 없어 맛을 유지할 수 없었던 것이었다.

지속적으로 자신에 대한 문제제기를 통하여 끊임없는 지식점프에 이른 기업으로 현대자동차를 들 수 있다. 현대자동차가 오늘날의 모습을 가지게 된 주요한 이유는 바로 연쇄적인 문제경험과 해결에 있었다. 현대자동차는 포드로부터 코티나와 뉴코티나의 기술을 이전받은 후 국내시장에서 큰 성공을 거두었다. 그리고 이러한 성공에 안주할 수 있었다. 그러나, 현대자동차는 그렇게 하지 않았다. 자신의 운명을 가르는 거대한 문제 속에 자신을 내던졌다. 그것이 포니의 개발이다.

포니 개발은 당시 정부의 수출드라이브 정책과 맞물려 있었다. 정부가 수출 가능한 국산 소형차를 만드는 기업에게 대폭적인 지원을 하겠다고 약속한 것이다. 다른 기업들도 소형차 제작에 나섰다. 하지만 선진국의 차를 기술이전받아 거의 그대로 만드는 것이 고작이었다. 현대자동차도 그렇게 하려고 포드와 협상했는데, 포드는 기술은 주어도 수출국은 제한해야 한다는 까다로운 조건을 달았다. 갈등하던 현대자동차는 독자개발이라는 강수를 던지게 되었다.

그것은 구성원들에게는 엄청난 문제였고 많은 사람들이 반대했지만, 이 때 현대자동차는 오늘날의 지위에 오를 수 있는 초석을 놓게 된다. 포니가 국제적으로 큰 성공을 거두지는 못했지만, 현대자동차는 포니를 만들고 나서 비로소 자동차를 이해하게 된다. 그리고 무서운 속도로 자동차 지식의 갱신이 이루어진다. 조금 더 이야기를 살펴보자.

　　포니를 개발함으로써 모두 끝난 것은 아니었다. 포니를 개발한 후 현대자동차는 더 많은 문제 속으로 빠져들게 되었다. 먼저, 현대자동차는 포니 개발 이후 무수히 많은 품질 문제를 경험하게 되었다. 중동에 수출한 차는 고열에 견디지 못해 클러치 패드가 터졌다. 내장용으로 사용된 플라스틱들이 벗겨지고 갈라졌다. 페인트 색깔이 변질되고 철판은 녹이 슬었다. 에어컨이 작동하지 않아 실내온도는 섭씨 100도까지 올라갔다. 아프리카에서는 운전자들이 불량 오일을 주입하여 오일통로가 막히고 엔진 손상이 자주 발생했다. 남미에서는 고지대 영향으로 기압이 낮아져 엔진기능이 크게 저하되었다.

　　유사한 문제가 여기저기서 터져 나왔다. 포드와 같은 선진회사에서 기술이전을 받아 자동차를 만들었다면 최소화했을 문제들이 걷잡을 수 없이 터져 나왔다. 정신없이 문제들을 수습하면서 모자라는 지식은 선진국 기업에서 사 들여왔다. 그리고 공장 시험시설을 대대적으로 보완하여 품질의 문제에 원천적으로 대응하려고 했다. 고온 테스트, 한지 테스트 등 온도와 환경에 대한 테스트도 보강했다.

　　품질문제가 어느 정도 안정되자 현대자동차는 또 다른 일을 저지른다. 내친김에 포니를 유럽과 미국에 수출하자는 발상이었다. 하지만 이것은 중동이나 아프리카에 수출하는 문제와는 전혀 달랐다. 우선 유럽과 미국의 자동차 안전기준을 통과해야 하는 장벽이 놓여 있었다. 불행히도 현대자동차의 지식수준은 이들 나라의 안전기준에 턱없이 미치지 못하고 있었다. 커다란 지식격차를 극복하기 위하여 선진기술의 습득과 아울러 강도 높은 자체 노력이 이루어졌다.

1978년 1월 배기가스 부문 기술향상을 위하여 미국 올슨사와 기술제휴 계약을 맺었다. 내장 부문은 일본 세케이사, 차체 부문은 미국 칼스팬사에 의뢰하는 등 유럽과 미국의 안전기준 통과에 필요한 성능향상과 설계개선에 집중적인 노력을 투입했다. 결국 끈질긴 노력이 성과를 맺었다. 비록 미국의 안전기준 통과에는 실패했지만 유럽의 안전기준은 통과할 수 있었다. 이러한 경험을 하면서 현대자동차의 지식수준은 비약적인 발전을 이루었다.

포니 이후에도 지식갱신은 지속적으로 이루어졌다. 새로운 차종의 개발은 또 다른 의미의 문제연쇄와 이를 풀어 가는 과정으로 이해할 수 있다. 현대자동차의 지식점프는 한마디로 하나의 차종이 해결하지 못한 문제를 다음 단계 차종이 해결하는 식의 문제연쇄를 통하여 이루어진 것이다.

포니 개발로 모든 문제가 해결된 것은 아니었다. 오히려 더 복잡하고 까다로운 문제가 놓여 있었다. 포니는 가장 까다로운 미국의 안전기준을 만족시키지 못했다. 가격경쟁력에서도 문제가 있었다. 포니의 수출은 출혈 수출이었다. 가격을 맞출 수 있는 최소 생산단위에 미치지 못했기 때문이다. 또한 가격경쟁력을 유지할 만큼 부품공급도 체계화되지 못했다.

미국의 안전기준 통과와 양산·부품공급의 체계화는 다음 차종의 숙제가 되었다. 이렇게 해서 개발된 차종이 '엑셀'이다. 하지만 엑셀을 개발할 당시 현대자동차는 또 다른 문제를 풀어야 했다. 후륜구동인 포니 방식으로는 전륜구동이라는 세계적인 추세에 대응할 수 없었다. 전륜구동 방식, 미국 안전기준 통과, 양산체제 확립, 그리고 부품공급체계의 개선이 집요하게 이루어졌다. 결국 현대자동차는 엑셀을 미국 시장에 경쟁력 있는 가격으로 진입시킬 수 있게 되었다.

불행히도 엑셀은 단명하고 말았다. 미국의 안전기준을 통과했지만 미국 소비자들의 요구품질까지 통과하지는 못했다. 엑셀은 저가격 저품질 차로 인식되면서 경쟁력을 빠르게 잃기 시작했다. 엑셀의 경험에서 새로운 문제점이 추출되었다. 고품질 고가격차의 생산 없이는 채산성도, 장기 생존력도 보장받을 수 없었다. 이러한 판단에 이르자 새로운 차종의 개발에 나서게 되었다. 이것이 소나타이다. 소나타가 엑셀과 달리 중형차로 개발된 데는 품질을 올려 비싸게 팔자는 의도가 담겨 있었다. 하지만 중형차의 개발은 만만치 않았다. 소형차 개발과는 비교가 안될 정도의 높은 기술력이 필요했다. 현대자동차는 또 다른 소용돌이 속으로 자신을 밀어 넣은 것이다.

소나타를 개발하면서, 현대자동차는 당시로는 최고급 기술들을 사용하기 시작했다. 가령 DOHC와 ABS 등의 신기술을 장착했으며, 여기에 독자적으로 차체를 디자인하는 획기적인 일들이 나타났다. 소나타 개발로 한껏 자신감에 부풀게 된 현대자동차는 캐나다 브르몽 공장을 짓기에 이르렀다. 브르몽 공장을 중심으로 북미시장에서 경쟁할 수 있는 가격과 품질에 합당한 차를 생산한다는 것이 목표였다. 하지만 브르몽 공장은 참담한 실패로 끝났다. 북미시장에서의 중형차 경쟁 품질은 현대자동차가 생각하고 있던 수준 이상이었다.

북미시장에서 중형차 진입의 높은 벽을 실감한 현대자동차는 다시 소형차로 관심을 돌리게 되었다. 그래서 신형 엑셀 개발이 이루어졌다. 신형 엑셀을 개발하면서, 현대자동차는 알고 있는 모든 기술을 쏟아 부었다. 소나타 개발의 경험이 품질문제를 해소하는 데 많은 도움을 주었다. 소나타에서 처음 보였던 독자 스타일링을 채택했고, 자동차 기술과 전자기술이 결합된 카트로닉스도 처음 적용했다. 소형차는 저가격 저성능이라는 인식을 깨기 위해 동급 차량으로는 가장 강력한 96마력의 엔진을 사용했다. 가격경쟁력을 강화하기 위해 연산 30만 대의 제2공장을 건립하면서 생산규모도 연산 75만 대로 늘려 놓았다. 결과는 성공적이었다. 신형 엑셀의 50% 정도가 수출되는 경쟁력을 가지게 된 것이다.

신형 엑셀의 개발에도 불구하고 소형차는 부가가치 한계를 넘을 수 없었다. 그리고 구형 엑셀 이후 인식된 저품질의 이미지도 크게 벗을 수 없었다. 그러한 이미지에서 벗어나기 위해 개발한 차가 '엘란트라'이다. 현대자동차는 엘란트라를 개발하면서 소나타와 신형 엑셀에서 보여주었던 독자적인 스타일링을 포기하고 이탈리아의 이탈디자인사에 스타일링을 다시 의뢰했다. 고기술을 들여오기 위하여 선진기업과의 기술제휴도 강화했다. 이러한 노력에도 불구하고 엘란트라 역시 싼 차의 이미지를 벗기에는 역부족이었다.

엘란트라 개발 이후 고품질을 향한 현대자동차의 노력은 지속되었다. 액센트, 티뷰론 그리고 EF소나타의 개발이 그렇게 해서 탄생한 차종이다. 미국이나 일본의 경쟁 차종과 품질경쟁을 벌일 수 있고 가능한 한 독자적인 기술로 개발한다는 것이 이들 차종의 개발목표였다. 액센트는 이러한 점에서 매우 의미가 큰 차이다. 엔진에 이르기까지 100% 자체적인 역량만으로 개발된 최초의 차종이기 때문이다. 티뷰론은 독자적인 스타일링 능력이 가장 잘 표현된 차로 평가받는다. 엔진도 독자적으로 개발한 베타엔진을 사용했다. 지금까지 수입에 의존하던 서스펜션도 독일의 포르쉐와 공동 개발하여 티뷰론에 처음으로 장착되었다. 티뷰론은 현대자동차에 있어 싼 차의 이미지를 개선하는 데 결정적 계기를 주었다. 액센트와 티뷰론에 쏟은 노력은 EF소나타에서 꽃을 피우게 되며, 이는 다시 그랜저 XG의 성과로 이어졌다.

현대자동차가 중, 소, 대형차종에서 국제적인 경쟁력을 가지게 된 이유는 바로 포니의 개발과 그 과정에서 자신이 의도적으로 던진 문제, 그리고 이로 인해 파생된 새로운 문제들을 적극적으로 해결하는 가운데 얻은 결과라는 사실에 주목할 필요가 있다. 〈표 3-1〉은 문제인식과 해결을 통한 현대자동차의 지식점프 과정을 설명하고 있다.

차종	문제해결	인식된 문제
코티나, 뉴·코티나	· 국내시장 진입에 성공	· 수출차량으로서 부적합
포니	· 중동, 남미의 환경적응 통과 · 유럽 안전기준 통과 · 캐나다 안전기준 통과	· 미국 안전기준 미통과 · 양산체제 구축의 필요성 · 부품협력체제 구축의 필요성 · 낮은 품질과 새로운 구동방식 필요
엑셀	· 미국 안전기준 통과 · 세계적 추세인 전륜구동방식 적용 · 연산 25만 대 양산 실현(제1공장) · 부품공급체계 개선 · 포니의 품질 수준 획기적 개선	· 낮은 부가가치 · 세계적 수준에 미치지 못하는 품질 · 싼 차
소나타	· 최초의 독자적 스타일링 · 고급화를 위한 신기술 적용 (DOHC, ABS 등)	· 세계적 수준에 미치지 못하는 품질 · 낮은 인지도
신형 엑셀	· 독자적 스타일링 · 소나타의 중형차 기술접목 · 카트로닉스의 실현 노력 · 연산 75만 대 달성 (연산 30만 대 제2공장 준공) · 소형차 = 저가격 = 저성능 인식탈피 노력 · 97마력의 강력한 엔진 탑재 (구형 엑셀 : 87마력) · 미국 안전도 부문 1위	· 세계적 수준에 미치지 못하는 품질 · 저부가가치 차종의 한계
엘란트라	· 세계적 추세인 DOHC엔진 기술 · 스타일링, 기술면에서 선진기술도입 적용 · 연산 100만 대 수준 (연산 30만 대 제3공장 가동) · 자동화 실현 · 고품질 자동차 목표 일부 실현	· 신기술의 대폭적용으로 가격상승 · 낮은 인지도 · 세계적 수준에 미치지 못하는 품질 · 저부가가치 차종의 한계

차종	문제해결	인식된 문제
액센트	· 100% 독자기술에 의한 최초의 차종 · 자체개발된 뉴 알파엔진 · 경량화, 연비향상 (그린 카)	· 저부가가치의 한계
티뷰론	· 독일의 포르쉐와 공동개발한 서스펜션 장착 · 독자 개발된 베타엔진 장착 · 현대자동차의 이미지 개선	· 동종의 차종에서는 저가격
EF소나타	· 독자 개발된 서스펜션 장착 · 독자 개발된 175마력의 V6 델타엔진 장착 · 도요타의 캠리, 혼다 어코드와의 경쟁을 겨냥한 고급기술 채용	
그랜저 XG	· 세계시장을 위한 고급품질의 차	

자료: 이홍 (1999) **4**

● 표 3-1 현대자동차의 문제연쇄와 지식점프

---

4 이홍, 앞의 책, pp. 100~102(일부 수정).

지식점프

의도적 문제의 기능과
내부지식 및 노력의 강도 이해하기

제3장에서의 이야기를 요약하면 이렇다. 기업이 지식점프를 원한다면 의도적으로 문제를 만들고 스스로 그 속에 들어가라는 이야기다. 외견상 문제가 없어 보인다고 태평성대를 즐기는 것은 금물이다. 이럴 때일수록 스스로에게 문제를 던져야 한다. 왜 그토록 의도적 문제가 중요한가? 의도적인 문제는 기업이 학습을 하게 하고 이를 통해 새로운 지식을 창조할 수 있게 도와주기 때문이다. 이를 조금 더 설명해 보자.

　의도적인 문제는 학습과 지식창조를 뒷받침하는 3가지 기본 기능을 가지고 있다. 첫째, 기업으로 하여금 자신이 처한 지식 격차를 깨닫게 해준다. 〈그림 4-1〉을 통해 설명해 보기로 하자. 현재의 지식상태를 A라고 하자. 문제, 특히 도전적인 문제가 제

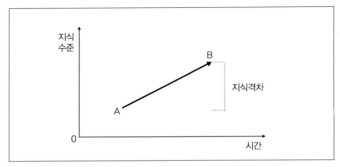

기될수록 현재의 지식 A는 도움이 되지 않는다. 문제를 풀기 위해 노력하는 과정에서 지금과는 다른 종류의 지식이 절실해진다. 이것을 B라고 하자. A와 B 두 지식간의 상대적 위치가 지식격차이다. 물론 지식격차는 문제 없이도 느낄 수 있다. 하지만 이 때 느끼는 지식격차는 막연하다. 지식격차를 소름끼치도록 피부로 느끼게 하기 위해서는 구체적인 문제가 있어야 한다.

막연히 느끼는 지식격차와 구체적으로 느껴지는 지식격차를 설명하기 위해 〈그림 4-2〉가 마련되었다. 〈그림 4-2〉는 현대자동차의 지식점프 과정을 나타낸 것이다. 직선 bc는 선진국의 지식수준을 나타낸다. 현대자동차의 지식수준은 각 차종별로 구분된 꺾은선이다. 예로 코티나와 뉴코티나를 만들던 시절에는 직선od가 당시의 지식수준이다. 따라서 현대자동차와 선진국기업과의 지식격차는 직선bc와 직선od 사이가 된다. 하지만 이는 현대자동차가 피부로 느끼고 있는 지식격차가 아니다. 막연히 선진국기업이 위대하다고 느껴지는 정도의 지식격차이다.

피부에 와 닿는 지식격차는 문제를 제기한 시점에서만 느낄 수 있다. 코티나와 뉴코티나를 생산하면서 쌓은 지식이 d라고 하자. 이 시기에 현대자동차는 독자적인 자동차인 포니를 개발하겠다고 선언한다. 포니의 목표는 미국시장 진입이었다. 이 때 잡은 학습목표를 f라고 하자. 이렇게 되면 구체적인 지식격차가 느껴진다. df가 구체적인 지식격차로, 지식부족이 피부로 느껴지는 격차이다. 어떤 부분에서 어느 수준까지는 도달하여야 하는데 아직 우리는 이 정도에 머무르고 있다는 식이다.

물론 처음에는 이것이 불분명할 수도 있다. 하지만 학습이 진행되면서 구체성은 크게 증가한다. 포니 개발 당시 현대자동차는 df의 학습목표를 잡았지만 실제는 de 수준에 머무르게 되었다. ef만큼의 차이가 있게 되는데 이는 다음 차종의 학습목표로 흡수되었다. 포니라는 문제를 제기하면서, 현대자동차는 ed만

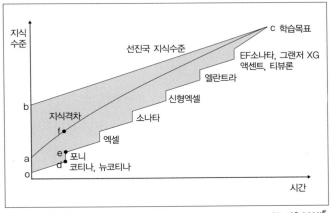

자료: 이홍 (1999)[5]

● 그림 4-2 **현대자동차의 문제연쇄와 지식점프 과정**

5 이홍, 앞의 책, p. 82(일부 수정)

큼의 지식점프(지식갱신)를 경험하게 된 것이다.

둘째, 의도적인 문제는 기업내부의 지식세계와 외부의 지식세계를 연결해 주는 기능이 있다. 의도적인 문제를 접하게 되면 우선 기업들은 내부지식으로 해결할 수 있는가를 점검하게 된다. 내부지식만으로 문제를 해결할 수 없는 경우는 외부지식의 조달이 필요하다. 현대자동차의 경우도 예외는 아니다. 포니 개발 당시 배기가스 부문의 기술향상을 위하여 미국 올슨사와 기술제휴 계약을 맺었다. 내장 부문은 일본 세케이사, 차체 부문은 미국 칼스팬사에 의뢰했다. 다른 회사에서 지식을 구하지 못할 경우에는 연구소와 협력연구를 수행할 수도 있다. 아니면 국제적인 상품전시회에서도 필요한 지식을 얻을 수 있다. 이들 지식이 기업내부로 흘러 들어오면서 내부지식과 결합이 일어난다. 의도적인 문제는 이처럼 외부지식과 내부지식의 결합을 촉진시키는 기능이 있다 (〈그림 4-3〉 참조).

셋째, 의도적인 문제는 새로운 지식생성을 위한 긴장을 유발하는 기능이 있다. 문제에 따라서는 기존지식의 단순적용으로

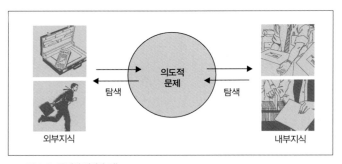

● 그림 4-3 **문제의 연결자 기능**

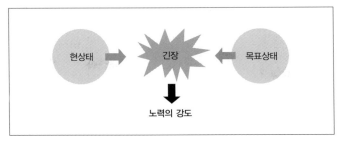

● 그림 4-4 긴장 유발자로서의 문제

는 해결이 불가능한 경우가 많다. 새로운 지식체계가 필요하다. 이때 기존 지식과 요구 지식 간의 지식격차가 인식되면 기업 내에는 고도의 긴장감이 돌게 된다 (〈그림 4-4〉 참조). 현대자동차에서도 그랬다. 포니를 개발한다는 결정이 나자 회사는 술렁거렸다. 포드가 제공한 코티나나 뉴코티나를 간신히 조립하고 있던 수준의 현대자동차에게는, 포니 개발이 마치 우주 여행을 위한 로켓을 개발하는 일만큼이나 어렵게 느껴졌다. 그만큼 긴장감도 더했고, 이 긴장감이 포니 개발 내내 있었다. 사람들은 어디로 가는지도 모르고 앞만 보고 달렸다. 그저 무조건 노력했다. 이게 의도적인 문제가 주는 효과이다. 이 효과에 의해 노력의 강도[6]가 결정된다.

이를 정리하면 의도적인 문제의 기능을 종합적으로 설명할 수 있다. 〈그림 4-5〉가 이를 위해 마련되었다. 먼저 의도적으로 제기된 문제는 긴장을 유발하고, 이 긴장은 문제해결을 위한 강도 높은 노력을 유도한다. 한편 문제는 기존지식과 목표지식 간의

6 Kim, L.(1997), *Imitation to Innovation*, Ma : Harvard Business School Press.

격차를 인식시킴으로써 문제해결에 필요한 지식을 새로이 요구하게 된다. 이 지식은 기업 내에 존재할 수도 있지만 그렇지 않은 경우도 있다. 필요에 따라서는 외부에서 지식보충이 필요하다. 문제풀이에 필요한 지식이 준비되고 문제해결을 위한 강도 높은 노력이 결합되면, 비로소 기업특유의 새로운 지식생성이 가능하다.

〈그림 4-5〉의 요지는 간명하다. 기업 내에서 학습과 지식창조가 일어나기 위해서는 의도적 문제, 내부와 외부지식 그리고 문제해결을 위한 강한 노력이 필요하다는 것이다. 이들의 관계를 명확히 알기 위하여 우선 내부지식과 노력의 강도에 대하여 좀 더 살펴보자.

의도적으로 제기된 문제를 성공리에 해결하기 위해서는 문제풀이를 위한 최소한의 지식이 있어야 한다. 이 지식을 내부지식 또는 사전지식이라고 한다. 내부지식은 새로운 지식을 창조할 때 바탕이 되는 지식이다. 내부지식이 없다면 거꾸로 문제를 제기하는 것 자체도 어렵게 된다. 아는 만큼 배운다는 말이 있다.

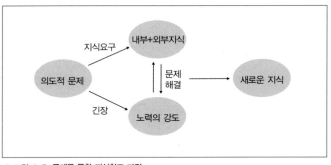

● 그림 4-5 **문제를 통한 지식창조 과정**

내가 가지고 있는 지식의 양에 비례하여 더 많은 것을 배울 수 있다는 말이다. 또 일단 알아야 무엇이 문제인지도 안다. 내부지식이 없으면 무엇이 중요한 문제이고 그렇지 않은지를 구분하기도 어렵다. 만도위니아가 딤채를 개발하겠다고 나설 때는 이미 냉동이나 냉장을 위한 공조분야에 대한 충분한 내부지식이 있었다. 그래서 김치냉장고라는 문제도 제기할 수 있었다. 휘센에어컨의 개발도 마찬가지다. 50%를 절전하는 에어컨을 개발하자는 문제는 에어컨에 대한 착실한 내부지식이 있어서 가능했던 것이다.

내부지식은 외부지식을 습득할 때도 그루터기가 되는 지식이다. 거리를 걷다 보면 다른 사람들에게 길을 알려주어야 하는 경우가 자주 있다. 그런데 길을 묻는 사람이 해당 지역에 대해 아무 것도 모른다고 하자. 이 경우 아무리 열심히 길을 설명해 주어도 상대방은 잘 알아듣지 못한다. 가르쳐주는 사람의 입만 아플 뿐이다. 하지만 그 지역에 대한 사전정보가 있는 사람의 경우는 비교적 쉽게 길을 알려줄 수 있다. 지식의 문제도 마찬가지이다. 아무런 내부지식이 없으면 아무리 질 좋은 지식을 공급하려고 하여도 알아듣지 못한다. 그래서 지식을 이전받아야 하는 경우에도 내부지식이 어느 정도는 있어야 한다. 아무 지식도 없이 그저 가르쳐주는 것만을 배우면 오랜 동안 지식종속의 서러움을 겪어야 한다.

다른 기업의 행동을 재빠르게 모방할 때도 내부지식은 중요하다. 내부지식을 통하여 다른 기업의 행동을 평가하고 이를 흡수하는 능력을 가질 수 있기 때문이다. 외부지식의 필요성은 지식점프의 수준이 높을수록 커진다. 현대자동차가 포니를 개발할 당시 내부지식이 매우 부족했다. 그래서 외부지식을 보충받게 되었다. 하지만 이 경우에도 내부지식이 충실하면 외부지식을 선별해 내는 능력이 커지거나 외부지식을 적은 비용으로 얻을 수 있다. 퀴놀론계 항생제 개발이 좋은 예이다.

퀴놀론계 항생제 개발은 당시 LG화학의 실력으로는 도저히 불가능한 일이었다. LG화학이 퀴놀론계 항생제 개발에 착수하려고 했던 1990년도에는 항생제 개발부문에 약 20여 명의 연구인력 정도가 있었다. 하지만 이들 연구인력만으로는 퀴놀론계 항생제를 개발하는 것이 역부족이었다. 이들의 주요임무는 모방품을 개발하는 정도였으므로, 외부지식이 절대적으로 필요했다. 이 때 두 가지 방식이 가능했을 것이다. 하나는 유수한 외국 제약회사에서 필요지식을 사들이는 방식이다. 하지만 이 방식은 거액의 돈이 든다.

LG화학은 다른 방식을 택했다. 유기화학분야의 전문가를 영입하는 것이었다. 그래서 1991년 미국에서 유기화학분야 박사학위를 취득한 연구원이 퀴놀론 개발팀에 합류했다. 1992년에도 새로운 인물이 영입되었다. 이후 연구가 중단되는 등 우여곡절이 있었지만 연구는 계속되었다. 한바탕 홍역을 치른 후 다시 항생제 신약개발의 결정적 계기를 주게 된 또 한 사람의 연구인력이 영입되었다. 그 역시 유기합성분야에서 박사학위와 풍부한 실무경험을 가진 연구인력이었다. 새로운 연구인력이 영입될 때마다 연구는 급진전을 보게 되었다. 퀴놀론계 물질의 5각형 분자구조에 대한 연구가 심층적으로 이루어졌다. 다시 6각형 구조가 연구되었다. 결국에는 이들의 중간 점인 5.5각형 구조를 발견하면서 영원히 풀릴 것 같지 않았던 문제가 풀리게 되었다.[7]

　LG화학이 턱없이 부족한 내부지식에도 불구하고 외국기업에게 손을 벌리지 않을 수 있었던 것은, 비록 모방품을 개발하기는 했지만 20여 명에 이르는 내부 인력이 존재했기 때문이다. 이들이 내부지식의 최초 원천이었다. 그러면서 외부지식이 유입되었고 이는 다시 내부지식화되었다. 강화된 내부지식을 기반으로 새로운 외부지식이 영입되는 일의 반복을 통하여, 마침내 새로운 퀴놀론계 항생제의 꿈이 이루어졌다. 요약하면 내부지식은 새로운 지식의 가치를 인식하고 소화하며 이를 기업의 목적에 응용할 수 있도록 하는 기반이 된다.

　내부지식 이야기를 하면 실망하고 고개를 젓는 기업이 있을 수 있다. 충실한 내부지식을 갖추는 것은 대기업에서나 가능하지 중소기업에서 가능하겠느냐고 반문한다. 그렇지 않다. 내부지식이 문제를 해결하는 기본 역량이기도 하지만 의도적 문제를 통해서 내부지식을 쌓을 수 있다. 조그마한 문제지만 자꾸 풀다 보면 자신도 모르게 내부지식이 충실히 쌓이는 효과가 있다. 의도적 문제와 내부지식은 별개가 아닌 이중나선구조와 같은 모습으로 서로 상호작용을 한다.

　'1초를 잡아라'로 유명해진 중소기업이 있다. 스프링을 제조하는 삼원정공이라는 조그만 회사이다. 이 회사 직원들의 학력은 대졸사원을 손에 꼽을 정도지만, 이 회사는 스프링에 관한

7　이춘근, 앞의 논문.

한 강한 기업이다. 어떤 기업도 넘볼 수 없는 낮은 원가로 스프링을 제조하는 지식이 탁월하다. 이들이 처음부터 이런 것은 아니었다. 고도의 기술수준을 가진 고학력자가 많아서 된 것도 아니다. 그렇다면 어떻게 가능했을까? 이유는 간단하다. 그들은 작은 문제를 제기한 뒤 이 문제를 전사원이 끊임없이 풀었다.

예를 하나 들어보자. 삼원정공에 가면 빨간페인트 바탕에 흰 글씨로 '현금통'이라고 써 있는 양철통이 있다. 이 안을 들여다보면 쇳가루가 수북이 쌓여 있다. 현금통이니까 이들 쇳가루를 팔아서 현금화한다고 생각하면 오산이다. 현금통은 삼원정공이 자신들에게 던지는 의도적인 문제의 상징물이다. 삼원정공 사람들은 일과를 시작하기 전 전날의 현금통을 들여다보고 통 안의 쇳가루를 줄일 수 있는 방법이 없는가를 골똘히 생각한다. 쇳가루를 줄이기 위해서는 불량 스프링을 줄여야 한다. 또한 스프링과 스프링 사이의 절단으로 인한 손실을 최소화해야 한다. 이렇게 문제를 풀어가면서, 삼원정공은 스프링 생산성에 관한 지식을 쌓아 갔다.

한 문제를 풀고 나면 작은 지식이 쌓였다. 이 지식을 발판으로 또 작은 문제를 풀었다. 그러면서 지식은 점점 더 쌓였고, 보다 큰 문제도 풀 수 있는 상황으로 발전하게 된 것이다. 작은 문제에서 진전을 이루다 보면 어느 순간 자신도 모르게 지식점프에 이르는 큰 문제도 풀 수 있게 된다는 말이다.

물론 내부지식 역량 하나만 가지고 지식점프에 이를 수 있는 것은 아니다. 〈그림 4-5〉(p.48 참조)가 말해 주듯이 뼈를 깎는 노력도 동시에 필요하다. 강력한 노력은 지식점프를 위한 또 다른 요소가 되는 셈이다. 노력의 강도는 말 그대로 얼마나 많은 노력을 문제 해결에 쏟아 넣는가를 말한다. 지식점프의 수준이 높을수록 그만큼 뼈를 깎는 문제해결 노력이 필요하다. 퀴놀론계 항생제 개발의 이야기를 실제로 들어보면 웬만한 사람들은 눈물을 흘릴 정도이다. 연구팀들은 대부분 연구소 근처의 사원 아파트에 거주하면서 매일 12시간 이상 근무하였다. 자정을 넘어 귀가하는 일은 예사였다. 이들은 '가정을 포기한 사람들', '사이코'라는 말까지 들었다. 초기 개발팀장이 연구중 위암으로 사망하는 사건도 있었다. 이러한 강인한 노력은 비단 LG화학에서만 관찰되는 것은 아니다. 지식점프에 성공한 많은 기업에서도 쉽게 찾아 볼 수 있다. 만도위니아, LG전자, 현대자동차 등에서도 공통적으로 발견되었던 모습들이다.

흥미로운 사실은 노력의 강도도 의도적 문제와 이중나선구조의 관계를 가지고 있다는 점이다. 이미 설명했듯 의도적으로 제기된 문제는 사람들에게 긴장을 준다. 문제가 도전적일수록 긴장감이 더 커진다. 여기서 두 가지 반응이 있을 수 있다. 긴장감으로 인한 스트레스 때문에 문제에서 도망치는 경우가 하나이다. 다른 하나는 문제를 피할 수 없다는 상황인식을 통해 문제에 도전하는 경우이다. 문제에 도전하기로 일단 마음을 먹으면 긴장감은 노력을 이끌어 내는 마법의 힘으로 바뀌게 된다.

중·고등학교 시절 시험보기 전날 벼락치기를 경험해 본 사람들이 많을 것이다. 이상하게도 벼락치기를 하게 되면 사람들은 쉽게 밤을 새우는 저력을 보여준다. 왜 그럴까? 시험이라는 문제상황을 앞두고 긴장감이 최고조로 올라가 있기 때문이다.

중·고등학교 자녀를 둔 어머니들은 모자라는 잠을 이기고 이른 새벽에 일어나 자녀를 깨운다. 어머니들이라고 아침 잠을 자고 싶지 않은 것이 아니라, 항상 긴장하고 있기 때문에 아침에 일어나는 노력을 게을리 하지 않는 것이다.

내부지식과 의도적 문제가 이중나선구조를 가지고 있고 노력의 강도와 의도적 문제도 이중나선구조로 되어 있다면 내부지식, 노력의 강도 그리고 의도적 문제는 삼중나선구조를 갖는 것이 된다. 그런데 내부지식과 노력의 강도만으로는 이중나선구조를 형성할 수가 없다. 기업 내에 내부지식이 충실하다고 해서 노력의 강도가 증가하는 것은 아니기 때문이다. 무턱대고 노력만 한다고 내부지식이 충실해지는 것도 아니다. 이 둘을 하나로 묶기 위해서는 반드시 의도적으로 제기된 문제가 있어야 한다. 문제가 일단 제기되면 그제서야 내부지식이 동원되고 문제를 해결하고자 하는 노력이 일어나게 된다. 그래서 의도적인 문제는 지식점프를 엮어 가는 삼중나선구조의 핵심적인 역할을 하게 된다. 〈그림 4-6〉은 이것을 표현하고 있다.

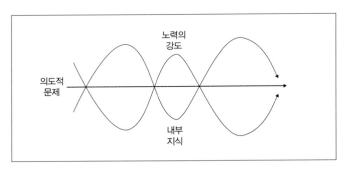

● 그림 4-6 **지식점프의 삼중나선구조**

문제의 종류와 문제제기의
심리적 장벽 이해하기

의도적 문제가 지식점프에 핵심적인 역할을 한다는 것은 제3장
과 제4장에서 충분히 논의되었다. 다시 한번 강조하면 지식점
프는 기업이 적절한 문제에 의도적으로 주목하고 이를 효과적
으로 해결했을 때만 일어나는 일이다. 이렇게 말하면 어떤 사람
들은 문제를 생각해 내는 것이 뭐 어려운 일이냐고 반문한다.
그런데 문제에 대한 주목, 특히 지식점프에 이를 정도의 문제를
제기하기란 생각처럼 쉬운 일이 아니다. 물론 문제만 제기했다
고 해서 만사가 해결되는 것은 아니다. 이를 풀어내기 위한 강
인한 실행이 뒤따라야 한다. 하지만 문제를 푼다는 것은 일단
문제가 있음을 전제하는 말이다.

　창의성에 관심을 가지지 않은 사람들은 거의 없을 것이다. 온

국민이 창의적인 국가가 되기를 원하고 있으며 많은 기업들이 창의적인 기업이 되기 위하여 부단히 애를 쓰고 있다. 그리고 창의적인 아이들을 길러내기 위하여 많은 교육자들이 노심초사하고 있다. 그런데 막상 이들에게 '창의성이 무엇입니까?' 하고 물으면 확실한 대답을 하지 못한다. 이런 질문을 하는 나도 대답이 궁하다. 하지만 확실한 사실이 하나 있다. 창의성에 대한 과거의 생각과 최근의 생각이 많이 달라지고 있다는 점이다. 과거에는 문제해결에 초점을 두었다. 누가 기발하게 문제를 풀어 내느냐에 관심을 두었다는 말이다. 하지만 최근에는 문제해결보다는 문제를 발견하는 데 더 무게를 두고 있다. 창의적인 사람들은 창의적으로 문제를 해결한 사람들이 아니라 창의적인 문제를 제기한 사람들이라는 것이다.[8]

사람들은 뉴턴을 천재라고 칭송한다. 그는 만유인력의 법칙을 생각해 낸 사람이다. 이 사람의 천재적 창의성은 어디서 출발한 것일까? 답은 멀리 있지 않다. 많은 사람들이 알고 있는 것처럼 사과와 관련된다. 그의 주치의가 쓴 뉴턴의 전기에는 다음과 같이 적혀 있다. "만유인력에 대한 생각을 떠올렸을 때의 일입니다. 내가 생각을 깊이 하고 있는데 마침 사과가 떨어졌습니다. 그 때 나는 왜 사과가 언제나 수직방향으로만 떨어질까? 왜 위로 올라가거나 비스듬히 떨어지지 않는 것일까? 그 이유는 혹시 지구가 사과를 끌어당기기 때문은 아닐까? 라고 자문 자답했습니다." 이게 만유인력의 법칙이 발견된 이유라는 것이다.

---

8 Getzels, F. and Csikszentmyhalyi, M.(1976), *The Creative Vision : A Longitudinal Study of Problem Solving in Art*, NY : Wiley.

물론 사과가 떨어지는 것만을 보고 만유인력의 법칙을 그 자리에서 생각해 낸 것은 아닐 것이다. 그는 케플러의 행성운행 법칙에 관심이 많았다. 그리고 왜 행성들이 규칙적인 원운동을 하고 있는지 의문을 가졌다. 그러던 차에 사과의 떨어짐을 보았고 이를 지구가 잡아당기는 현상이라고 생각했다. 결국 행성운행의 신비 역시 서로 잡아당기는 힘 때문에 가능하다는 사실에 생각이 미치면서 만유인력의 법칙을 탄생시키게 되었다. 뉴턴이 천재의 반열에 오르게 된 이유는 다른 데 있지 않다. 그의 천재적인 문제발굴 능력에 있다. 행성운행의 조화로운 운행과 떨어지는 사과에 의문을 가진 것, 이것이 그를 천재로 만들어 준 요인이다.

아인슈타인의 천재성은 어느 누구도 부인하지 않는다. 그런데 그의 천재성도 사실은 그가 마구 던져 댄 기발한 문제에 있다. 특수상대성이론에 대한 이야기를 해보자. 아인슈타인이 특수상대성이론을 생각하기 시작한 것은 이 이론을 발표하기 10년 전으로 거슬러 올라간다. 당시 16세였던 소년 아인슈타인은 꿈 속에서 빛을 쫓아가는 꿈을 꾸었다고 한다. 아주 빠르게 빛을 따라가자 빛과 속도차가 없어지면서 빛이 멈추고 말았다. 그는 이 꿈이 신기했다. 정말 빛의 속도로 가면 빛이 멈춰서는 것일까? 뉴턴의 이론이 지배했던 당시의 이론으로는 그래야 했다. 같은 방향으로 움직이는 두 물체의 속도가 같다면 상대속도는 0이 되어야 한다. 이 때문에 두 물체는 정지된 것처럼 보인다. 빛의 경우도 마찬가지인가? 이게 아인슈타인이 자신에게 던졌던 기발한 문제이다.

이 문제는 또 다른 모습으로 그에게 던져졌다. 아인슈타인은 만일 빛과 같은 속도로 달리면서 거울을 보면 나는 내 얼굴을 볼 수 있을까 없을까라는 생각을 했다. 뉴턴의 이론이 맞다면 당연히 거울에는 자신의 모습이 비춰져서는 안 된다. 우리가 사물을 보는 것은 빛 때문이다. 만일 빛과 같은 방향에다 빛의 속도로 달린다면, 우리에게서 나온 빛이 거울에 도달할 수 없다. 상대속도 개념에 의하면 빛의 속도는 0이 되기 때문이다. 따라서 얼굴을 볼 수 없다는 논리이다. 이 의문은 10년 뒤 그가 특수상대성이론을 생각하면서 해결되었다. 빛은 뉴턴이 말하는 상대속도에서 예외라는 것이다. 그는 빛의 속도로 쫓아가건 말건 빛은 항상 자기 속도로 나아간다는 광속불변을 제기했다. 그리고 이것을 증명하는 이론을 제시했다. 이것이 특수상대성이론이다. 그 이후 일반상대성이론도 완성, 천재성을 더욱 발휘했다. 무엇이 그를 천재로 만들었을까? 그 시발은 아무도 던지지 못했던 창의적인 문제를 자신에게 던진 것, 그것이었다.

　뉴턴과 아인슈타인을 통해서 알 수 있는 것은 창의적인 문제가 창의적인 이론을 낳는다는 사실이다. 뉴턴과 아인슈타인이 살았던 당시에도 이들에 버금가는 학자가 없었다고 말할 수는 없다. 그럼에도 불구하고 이들이 천재성을 발휘할 수 있었던 것은 이들의 천재적 문제 포착력 때문이다. 지식점프에 대하여도 비슷한 이야기를 할 수 있다. 지식점프에 이르기 위해서는 지식점프에 이를 만한 문제를 제기할 수 있어야 한다. 그런데 지식점프에 이르는 문제를 제기하기가 생각보다 쉽지 않다. 그 이유는 무엇일까?

이유를 알아보기 위해서는 우선 문제의 종류부터 알 필요가 있다. 기업이 당면하는 문제에는 어떤 종류가 있을까? 예화를 통해 문제의 종류를 알아보자. 네덜란드에는 한 소년이 제방 위를 거닐다 제방 둑에 구멍이 난 것을 발견하고는 자신의 주먹을 들이밀어 제방 둑의 붕괴를 막았다는 일화가 있다. 아인슈타인의 빛에 대한 이야기는 다른 종류의 문제를 말해준다. 꿈 속에서 경험한 빛의 이상한 행동에 의문을 가지고 빛의 움직임에 새로운 문제제기를 하게 된다. 두 예를 자세히 살펴보면 이들 문제는 그 원인이 다름을 발견할 수 있다.

네덜란드 소년의 경우는 이미 발생하여 노출되어 있던 문제를 발견한 것이다. 아인슈타인의 문제는 이와 다르다. 아인슈타인은 문제를 스스로 만들어 냈다. 즉 네덜란드 소년의 문제원인은 발생적인 것이고 아인슈타인의 문제원인은 생성적인 것이라고 할 수 있다. [9] 문제를 보는 또 다른 시각이 있을 수 있다. 친숙성에 따라 문제를 분류하는 것이다. 제기된 문제가 친숙한지 아니면 친숙하지 않은 것인지로 구분해 보는 것이다. [10] 문제를 보는 이 두 가지 방식을 결합해 보자. 그러면 〈그림 5-1〉과 같은 매트릭스를 얻을 수 있다.

〈그림 5-1〉은 문제원인과 문제에 대한 친숙성 정도에 따라 4가지의 문제유형이 존재함을 말해 준다.

9 앞의 책

10 Blakler, F.(1995), "Knowledge, Knowledge Work and Organizations : An Overview and Interpretation", *Organizations Studies*, 16(6), pp. 1021~1046.

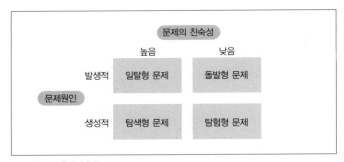

● 그림 5-1 **문제의 종류**

일탈형 문제 ㅣ 일상적인 작업에서 정상상태를 벗어남으로써 발생하는 문제를 말한다. 문제의 친숙성이 높고 발생적인 특징을 지닌다. 원자재의 공급이 일시적으로 끊긴다든지 이물질로 인해 공정이 정지하는 문제 등이 여기에 속한다. 장부상의 오류들도 일탈형 문제이다. 전선들이 얽혀 있는 작업장이나 사무실도 일탈형 문제의 예이다.

돌발형 문제 ㅣ 문제의 친숙성이 낮고 발생적인 특징을 지니는 문제로, 전혀 예상하지 못한 상황에서 돌출되는 문제를 말한다. 종종 위기적 상황을 동반하는 것이 특징이다.

탐색형 문제 ㅣ 의도적인 목표설정으로 생성되는 문제를 말한다. 일탈형 문제는 의도하지 않았음에도 발생하는 데 반해 탐색형 문제는 의도적으로 목표를 설정하지 않는 한 문제로 인식되지 않는다는 특성이 있다. 탐색형 문제는 기업 내부지식의 활용도가 높은 특징이 있어 문제자체에 대한 친숙성이 높다.

탐험형 문제 | 의도적인 목표에 의하여 생성되지만 친숙성이 매우 낮은 문제를 말한다. 종종 실패의 가능성이 높은 위험지향적인 특징을 지닌다. 탐험형 문제는 문제해결을 위한 내부지식이 매우 부족한 경우가 많다. 대체로 기업의 높은 전략적 목표와 관계 있다.

위의 4가지 종류의 문제 중 일탈형 문제는 정상상태에서 벗어나는 경우를 말한다. 일탈형 문제에서는 지식점프가 잘 일어나지 않는다. 흔히 문제라고까지 인식하지 않거나 임시방편에 의하여 일시적으로 호전됨으로써 방치하는 경우가 많기 때문이다. 어떤 경우에는 뾰족한 수가 없어 그냥 흘려보내기도 한다.

돌발형 문제는 기업이 대처하기가 매우 까다로운 문제이다. 경우에 따라서는 문제해결의 촉박성으로 기업의 위기로 이어지는 문제이다. 하지만 이를 얼마나 적극적으로 그리고 신속히 대응하느냐에 따라 지식점프가 일어나기도 한다.

포니 개발시 현대자동차가 경험한 예기치 못한 문제들이 이들 돌발형 문제에 속한다. 중동에 수출한 차가 고열로 인해 클러치 패드가 터졌다거나 페인트 색깔이 변질되어 철판이 녹슬게 된 문제, 그리고 에어컨이 작동하지 않아 실내온도가 섭씨 100도까지 올라갔던 문제 등이 여기에 속한다. 또한 아프리카에서 불량 오일을 주입하여 오일통로가 막혀 엔진이 손상된 문제, 남미에서는 고지대 영향으로 기압이 낮아져 엔진기능이 크게 떨어진 문제들이 돌발형 문제에 속한다. 비록 돌발적인 문제이지만 이를 해결하기 위한 신속한 노력은 현대자동차가 자동차 지식을 획기적으로 진보시키는 데 일조하게 되었다. 하지만 돌발형 문제는 지식점프를 계획적으로 이룰 수 없다는 데 애로가 있다.

지식점프가 일어나는 전형적인 방법은 탐색형 문제와 탐험형 문제를 풀어 가는 것이다. 두 문제의 공통적인 특징은 기업이 능동적으로 목표를 설정함으로써 만들어지는 문제라는 점이다. 다만 탐험형 문제는 탐색형 문제에 비하여 훨씬 모험적인 목표에 의해 구성되는 문제로, 기업의 사활에 영향을 미칠 수도 있다. 따라서 이를 해결하기 위해서는 내부지식만으로는 부족한 경우가 많이 있다. 탐색형 문제의 예는 앞서 만도위니아의 김치냉장고 개발과 LG전자의 휘센 에어컨 개발 그리고 시네픽스의 3D애니메이션 큐빅스를 들 수 있다. 이들은 대부분 기존의 내부지식을 활용한 것으로, 구성된 문제가 전혀 낯선 것은 아니라는 특징을 가지고 있다.

탐험형 문제의 전형으로는 현대자동차의 포니 개발과 LG화학의 퀴놀론계 항생제 개발을 들 수 있다. 한국의 사례는 아니지만 기존의 기업 내 물류체계를 혁명적으로 바꾸어 놓은 도요타 자동차의 간판시스템도 탐험형 문제에서 비롯한 것이다. 도요타의 사례는 기업의 일탈형 문제를 재구성하여 탐험형 문제로 전환시킨 점에서 흥미를 준다.

도요타의 간판시스템은 훗날 JIT(Just In Time) 생산방식으로 불리는데, 현재 일본경영 지식이 미국으로 수출된 대표적 사례로 손꼽힌다. 간판시스템의 발상은 도요타의 부품재고에서 발생하는 일상적 문제에서 시작되었다. 공장 내에는 선후공정이 항상 존재하는데, 자동차 생산의 경우 선후공정은 공정의 길이로 인해 분리되어 있는 경우가 많다. 이렇게 되면 선공정의 완성품은 후공정의 투입부품이 된다. 이 경우 선공정의 완성품은 일단 창고에 보관했다가 후공정에서 가져다 썼다. 협력업체에도 유사한 형식이 적용되었다. 협력업체가 완성된 부품을 일단 창고에 입고시키면, 자재부서는 공정별 소요량을 파악하여 각 공정에 자재투입을 명령하게 된다.

그런데 이 과정에서 문제가 발생했다. 창고에서 후공정까지 운반하는 중 부품이 제때 투입되지 못하는 일이 자주 생겼다. 또 선공정과 후공정의 생산균형이 잘 안 맞아 과잉부품재고도 발생했다. 이들은 창고에 보관할 수 없을 정도로 많아져 공장 여기 저기에 쌓였다. 이러다 보니 회사 내 물류흐름이 엉키는 일도 잦아졌다. 부품이 파괴되고 없어지는 것도 다반사였다.

이러한 문제는 일반 기업에서도 일상적으로 나타나는 것들이다. 그래서 그저 그러려니 하고 참고 넘어가는 기업들도 많다. 그렇지 않으면 직원교육을 열심히 해서 이러한 문제를 줄여 보려고 하거나 심지어 공터를 더 빌려 과잉부품 쌓을 곳을 찾는 기업들도 있을 수 있다. 하지만 도요타 자동차는 이 문제를 근원적인 시각에서 재구성했다. 그 발상은 간단하다. 도요타는 부품재고와 관련한 모든 문제가 선공정 또는 협력사 ➡ 창고입고 ➡ 후공정 출고라는 밀어내기식 방식 때문이라고 생각했다. 이것을 후공정의 필요 ➡ 선공정 또는 협력사의 공급이라는 방식으로 바꾸어 주면 문제를 해소할 수 있을 것으로 생각하게 되었다. 일상적으로 발생하는 문제에 임시 방편으로 대응한 것이 아니라, 그 근본원인을 제거하는 방식을 사용한 것이다.

이를 위해 선후공정과 협력사 그리고 해당 공정에 '간판'이라는 일종의 카드를 비치하게 했다. 여기에 소요부품의 종류와 양 및 이에 대한 인수여부를 표시해 두었다. 이런 방식을 통해 선공정이나 협력업체가 필요한 양의 부품을 후공정이나 해당공정에 소량으로 수시 공급하는 체계인 '간판방식'을 완성하게 되었다. 공정 내에서는 이러한 일이 다반사로 일어나므로 전산처리가 필요해졌다. 훗날 이를 JIT시스템이라고 부르게 된다. 일본 경영 역사상 가장 위대한 지식점프가 이루어진 것이다.

본래의 이야기로 돌아가자. 지식점프를 이루기 위해서는 반드시 의도적 문제제기라는 어려운 과정을 거쳐야 한다고 말했다. 정말 문제를 제기하는 것이 그렇게 어렵다는 말인가? 이에 대하여 수긍이 잘 안 가는 사람들이 있을 것이다. 이제부터는 이 이야기를 해보자.

문제제기는 문제를 포착하는 눈이 있어야 가능하다. 그런데 문제를 포착해 내는 것, 그것도 지식점프에 이를 정도의 문제를 포착해 내는 것은 생각처럼 쉽지 않다. 이를 방해하는 힘이 있기 때문이다. 이것은 구성원들의 마음 속에 존재한다.

지식점프가 있기 위해서는 지식점프에 이르게 할 만한 문제로의 진입이 이루어져야 한다. 그런데 심각한 문제임에도 불구하고 이를 포착하지 못하고 지나치고 만다면 아무 의미가 없다. 또 문제는 알지만 해결하는 일이 두려워 문제제기에 소극적인 경우가 있다. 어떤 경우에는 문제를 덮어 버리거나 애당초 문제에 대하여 침묵을 하기도 한다. 이렇게 되면 문제는 처음부터 포착되지 못하거나 전사적 문제로 발전하지 못하고 사라진다.

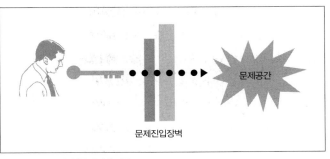

● 그림 5-2 **문제진입의 심리적 장벽**

  문제에 대한 포착을 어려워하거나 이를 적극적으로 제기하지 못하는 것은 근본적으로 구성원들의 마음에서 비롯된다. 이를 문제진입장벽이라고 부르기로 한다(〈그림 5-2〉참조). 문제진입 장벽이란 불행히도 문제를 찾지 못하거나 찾아도 들어가지 못하는 심리적 함정을 말한다. 문제진입장벽이 생기면 학습이 어려워진다. 학생이 문제를 풀어 보아야 하는데 어떤 문제를 풀어야 하는지를 모르거나 의도적으로 문제풀기를 회피한다면 학습이 안 일어나는 것과 마찬가지다. 문제진입을 가로막는 심리적 장벽에는 대체로 4가지 유형이 있다.

  심리적 무감각 ㅣ 문제가 존재하는 상황 자체를 인식하지 못하는 상태이다. 문제의식이 전혀 없어 문제가 있어도 문제로 보지 못하는 경우이다.

  침묵 ㅣ 의식적으로 문제를 노출시키지 않으려는 심리 상태를 말한다. 문제는 알지만 입을 닫고 있는 상태로 표현할 수 있다.

열등 · 우월함정 ｜ 열등함정이란 자신의 지식이나 능력에 대한 믿음이 부족하여 문제를 제기하는 것 자체에 자신이 없는 심리적 상태를 말한다. '괜히 말해 창피나 당할 텐데' 라는 소극적 사고가 열등함정의 예이다. 우월함정은 열등함정의 반대이다. 자신에 대한 우월의식이 너무 강하여 자신의 지식에 대한 비판이나 문제제기를 용납하지 않는 심리상태를 말한다.

실패공포 ｜ 문제는 알고 있으나 이를 해결할 수 있다는 신념이 약하여 문제제기에 두려움을 갖는 심리상태이다.

심리적 무감각이 발생하는 이유는 구성원들의 주의집중 메커니즘에 문제가 있기 때문이다. 사람은 모든 자극에 주의를 기울이는 것은 아니다. 어떤 자극에 대하여는 주의를 기울이지만 어떤 자극에는 전혀 주의를 기울이지 못한다. 이를 설명하는 심리학 이론이 두 가지 있다. 하나는 필터이론이다. 사람들이 여러 가지의 자극에 동시에 노출될 때 주의를 기울이는 자극은 지각이 되고 그렇지 못한 자극들은 지각되지 못한다는 이론이다. 인간의 정보처리에는 병목과 같이 일정한 한계가 있을 것이라는 가정에 기초한 이론이다.

가령 TV에 집중하고 있으면 옆사람이 자신에게 하는 말을 잘 알아듣지 못한다. 겉으로는 끄덕 끄덕 머리를 흔들면서도 실상은 귓등으로 듣는다. 이런 일이 벌어지는 것은 TV정보만이 집중적으로 처리됨으로써 정보처리상의 병목현상이 일어나 옆사람의 말이 처리되지 않고 있기 때문이다. 따라서 TV정보가 흐르고 있으면 이 정보가 다 처리될 때까지 옆사람의 정보는 기다려야 한다. 이 때 정보처리를 기다리고 있는 자극은 지각되지 않게 된다.

두 번째 설명이론은 인간이 주의집중을 할 수 있는 용량 자체에 한계가 있음을 지적하는 이론으로, 용량한계이론이라고 불린다. 인간의 주의집중은 물그릇처럼 정보를 담을 수 있는 용량에 한계가 있다는 가정에 입각한 이론이다. 따라서 한 정보(자극)에 주의를 집중하고 있으면 집중용량이 바닥나 다른 정보(자극)에는 주의를 집중하기 어렵다는 것이다. 어떤 일에 몰두하면 주의 집중할 수 있는 자원을 모두 써 버려 다른 일에는 주의를 주기가 어려워짐을 암시한다.[11]

두 가지 이론 모두 심리적 무감각을 설명하는 데에 유용하다. 결론적으로 심리적 무감각은 사람들이 일상적인 일에 몰두하고 있어 문제를 발견하거나 제기하는 일에는 적절한 주의를 기울이고 있지 않을 때 일어나는 현상으로 이해할 수 있다.

심리적 무감각의 사례를 삼성코닝에서 얻을 수 있다. 물론 삼성코닝은 이후 심리적 무감각을 훌륭하게 떨쳐 버렸다. 이에 대하여는 뒤에 가서 살펴보기로 하자. 삼성코닝은 TV와 모니터에 들어가는 브라운관용 유리를 제조하는 회사이다. 이 회사에서는 유리를 녹여 제품을 만들기 위해 용해로를 가동한다. 1977년 5월 흑백TV 브라운관을 제작하기 위하여 용해사업을 시작했고 1983년 3월 컬러TV 브라운관용 용해공장을 준공했으니 그 역사

---

11 Matlin, M. W.(1989), *Cognition*(2nd ed.), NY : Harcourt Brace Jovanovich College Publishers.

가 매우 오래되었다.

용해로는 약 5년마다 주기적으로 보수작업을 해야 한다. 이때 내화벽돌부터 시작하여 모든 설비와 수천 개에 이르는 부품을 교체한다. 1600여 도에 이르는 고열을 견디고 고른 품질의 제품을 만들기 위해서는 반드시 행해야 하는 작업이다. 삼성코닝은 용해사업을 수행한 이래 그 오랜 시간 동안 새로운 부품과 설비로 용해로를 보수했다. 이에 대하여 이의를 제기하는 사람은 아무도 없었다. 용해로의 품질을 유지하기 위해서는 새로운 부품과 설비를 투입하는 것이 매우 당연한 일로 여겨졌기 때문이다. 새로운 부품과 설비로 인해 매번 수백 억 원의 보수비가 책정되었다. 이러한 오랜 관행에 문제가 제기된 것은 거의 20년이 훨씬 지난 후였다. 이에 대한 자세한 이야기는 뒤에서 다시하기로 하자.

침묵에 대한 좋은 예는 '임금님은 벌거숭이'라는 우화에서 찾을 수 있다. 일단의 사기꾼들에 의하여 벌거숭이가 된 임금은 마음씨 나쁜 사람들에게는 보이지 않는 화려한 의상을 입고 있다는 착각을 하게 된다. 급기야는 궁 밖 나들이를 나가 이 보이지 않는 옷을 백성들에게 선보였다. 백성들 역시 자신이 마음씨 나쁜 사람으로 오해받을까 두려워 임금이 벌거벗었다는 사실에 침묵을 하게 된다. 이러한 해프닝은 한 어린아이가 임금님은 벌거숭이라고 놀림으로써 깨진다는 줄거리다. 사람들은 임금이 벌거벗고 있다는 사실을 모두 알고 있었다. 그럼에도 그들은 침묵한다.

이와 유사한 현상이 기업에서도 상당부분 일어나고 있다. 기업이 해결해야 할 문제(예로 일탈형 문제)가 무수히 많음에도 구성원들이 침묵을 하거나 새로운 문제(예로 탐색형 또는 탐험형 문제)의 제기를 의도적으로 거부하는 경우이다. 구성원이 조직의 문제에 대하여 침묵하는 이유는 침묵을 강요하는 조직문화가 존재하기 때문이다. 이러한 악성 조직문화는 주로 경영자나 리더급에 속한 사람들에 의하여 만들어진다. 경영자나 부서장이 하위 직원들에게 부정적인 피드백을 받는 것을 두려워할 때 이런 일이 벌어진다. 부하들은 회사보다는 자기 생각만 하는 이기적 집단이어서 이들이 말하는 것을 시시콜콜 귀담아 들을 필요가 없다는 생각을 가지고 있을 때도 일어난다.

그리고 자신들은 아랫 사람들보다 항상 우월하다는 생각을 가지고 있을 때도 이런 현상이 발생한다. 마지막으로 일사불란하게 움직이는 통일성이 다양한 목소리보다 중요하다고 생각할 때 경영자나 부서장들은 자신도 모르게 이런 조직문화를 만들어 간다. 자신들과 다른 생각을 하는 사람들을 괘씸죄로 벌을 주는 것이 좋은 예이다. 이런 관행들을 하위자들이 간파하면 침묵에 이르게 된다.[12]

극단적인 침묵에 빠진 기업을 본 적이 있다. 몇 해 전 한 기업과 일할 때의 이야기다. 이 회사의 한 이사는 알 듯 모를 듯한 희한한 말을 했다. "우리 회사를 한마디로 표현하면 이렇습니다. 言卽必, 言卽行, 言卽損. 이게 우리 회사입니다." 무슨 말인지

---

12 Morrison, E. W. and Milliken, F. J.(2000), "Organizational Silence : A Barrier to Change and Development in a Pluralistic World", *Academy of Management Review*, 25(4), pp. 706~725.

몰라 뜻을 물었다. 그는 뜻을 풀이해 주었다. "우리 회사에서는 말을 꺼내면 반드시 하긴 하는데요. 그러면 말한 놈이 하게 되구요, 그리고 말한 놈은 반드시 손해를 봅니다." 이게 자기네 회사란다. 누군가 우리 회사의 문제가 이거고 저거라고 지적하거나 우리는 이런 것들이 필요하다고 문제를 제기했다고 하자. 그러면 그 문제에 대하여 대응하는 시늉은 하긴 하는데 (言卽必), 문제는 말을 꺼낸 잘난 네가 해보라고 한단다 (言卽行).

본시 문제란 혼자서 해결하는 것이 아니라 여러 사람의 도움을 필요로 하는 것인데, 아무도 도와주지 않는 문제를 끙끙거리다가 결국에는 손을 들어 버린다. 그러면 '거 봐라! 왜 잘난 체하고 나섰느냐' 하는 비난이 쏟아지거나 심하면 감사에 걸려서 목이 날아가는 게 자기네 회사란다. 그래서 이 회사에서는 회의를 하면 사장이나 부서장만 떠들지 다른 사람들은 침묵한다는 말을 덧붙였다. 가만히 납작 엎드려 수면 위로 노출되지 않는 것이 상책임을 구성원들이 학습한 것이다. 기업 전반에 걸쳐서 침묵이 일어나면 그 기업은 지식점프를 이룰 수 없다. 제대로 풀어야 할 문제를 하나도 건지기 어렵기 때문이다.

열등함정은 지식이 모자라는 기업이 외국기업에게서 지식을 이전받는 경우, 이전받은 지식을 맹목적으로 신봉하면서 종종 발생한다. 우월함정은 그 반대이다. 다른 기업이나 사람들은 우리 기업이나 사람들보다 못하다는 우월의식이 있을 때 발생한다. 한국에서는 우월함정보다는 열등함정으로 인해 지식점프에 이르지 못하는 경우가 많이 있다.

삼성종합화학이 열등함정에 빠진 적이 있다. 삼성종합화학은

1988년 설립된 회사로 나프타 분해를 통해 프로필렌 등 각종 화학제품을 생산하는 곳이다. 한국의 종합화학회사들이 그러하듯이 삼성종합화학 역시 대부분의 설비를 일본과 미국에서 도입했다. 일반 제조업체와 달리 화학회사에서는 제품생산이 거대한 설비운전을 통해 이루어진다. 따라서 선진국에서 도입된 설비는 주어진 조건에서만 운전해야지 여기에 손을 대는 것은 위험하다는 생각이 일반적이다. 삼성종합화학도 동일한 생각에 젖어 있었다. 설비개선에 손을 대는 것은 금기였다. 이런 생각은 구성원들로 하여금 열등감에 빠지게 하였고, 오랜 기간 삼성종합화학의 적극적인 설비개선을 방해하는 힘으로 작용했다.

실패공포는 문제는 제기할 수 있지만 자신의 문제해결 능력에 대한 의구심 때문에 이행하지 못하는 경우이다. 이러한 의구심의 원인은 지식이나 능력 부족이다. 사람들은 해결해야 할 문제의 난이도가 자신의 지식이나 능력 수준에 비해 너무 높다고 생각하면 두려움을 느끼게 된다. 탐색적이거나 탐험적 문제에서 이러한 일이 잘 벌어진다. 이런 종류의 문제가 제기되면 사람들은 겁을 먹게 된다. 해결의 앞이 잘 보이지 않기 때문이다. 이는 실패에 대한 공포감으로 이어진다. 따라서 이러한 문제는 아예 꺼낼 생각을 않는다. 누군가가 이러한 문제를 제기했다고 해도 갖은 방법으로 반대를 한다.

현대자동차가 포니를 개발할 때 이러한 실패공포를 느낀 바 있다. 현대자동차가 포니를 독자개발한다는 방침을 세우자, 당시 회사 내의 많은 사람들은 이러한 계획에 반대했다. 현대자동차가 고유모델을 개발할 만한 능력을 충분히 갖추지 못했다는 것이 이유의 요점이었다. 포니의 독자개발과 수출을 위해서는 엔진공장을 포함한 종합자동차 공장을 건설해야 하는데, 당시 현대자동차의 기술적 능력으로는 어림도 없다는 생각이 지배적이었다. 또한 설혹 수출용 자동차를 제작한다고 해도 경쟁력을 확보할 만한 능력이 부족하다는 것이 중론이었다. 현대자동차가 포니를 개발한다는 계획은 많은 사람들을 실패공포로 몰아넣기에 충분했다.

제5장의 이야기를 요약하면 이렇다. 지식점프에 도달하기 위해서는 의도적인 문제 특히 탐색적이거나 탐험적인 문제를 제기할 수 있어야 하는데, 이게 쉽지 않다는 것이다. 그 이유는 문제제기를 방해하는 심리적 함정이 구성원들의 마음 속에 도사리고 있기 때문이다. 의도적 문제제기를 가로막는 심리적 장벽에는 4가지 유형이 있다. 문제상황 자체를 인식하지 못하는 심리적 무감각, 의식적으로 문제를 노출시키지 않으려는 침묵, 문제제기 자체에 자신이 없는 열등함정, 그리고 마지막으로 문제는 알고 있으나 이를 해결할 수 있다는 신념이 약하여 문제제기 자체를 포기하는 실패공포가 그것이다. 결국 지식점프에 이르기 위해서는 우선 이러한 심리상태에서 벗어나야 한다. 어떻게 해야 벗어날 수 있는가?

문제진입장벽 극복하기

문제진입장벽을 극복하는 것은 지식점프에 이르기 위한 선결과
제이다. 자기 스스로에게 문제를 내고 이를 풀어 나가려는 의지
가 없는 기업은 결코 지식점프의 짜릿한 경험을 할 수 없다. 그
날 그날 문제없이 지나가기만 바라거나 일상적인 문제 속에 파
묻혀 커다란 문제를 보지 못하는 기업들은 절대 지식점프에 도
달할 수 없다는 말이다.

　문제진입장벽을 해소하기 위해서는 적어도 두 가지 측면에서
집중적인 노력이 필요하다. 하나는 구성원이 문제의식을 충실
히 가질 수 있도록 자극하고 격려하는 것이다. 다른 하나는 문
제제기에 열등감이나 두려움을 갖지 않도록 자신감을 심어주고
필요한 지식을 공급하는 일이다. 이를 정리한 것이 〈그림 6-1〉

이다. 이제부터는 문제진입장벽을 극복해 나간 사례들을 살펴보자.

심리적 무감각의 극복

심리적 무감각이 생겨나는 주된 이유는 구성원들이 조직의 문제에 주의집중을 하지 않기 때문이다. 문제에 주의를 집중시키기 위해서는 의도적인 자극이 필요하다. 수업시간에 주의가 산만한 학생들이 집중하도록 하려면 특별히 고안된 자극이 필요한 것과 같은 이치이다. 이러한 자극이 없으면 사람들은 일상적인 업무에만 주의를 기울여, 문제가 발생하여도 대수롭지 않게 넘어가고 만다. 이러한 심리적 무감각을 방지하기 위해서는 사람들에게 문제의 포착이 일상 업무만큼이나 중대한 업무임을 인식시킬 필요가 있다.

　삼성코닝은 브라운관용 유리를 제조하기 위하여 용해로를 가

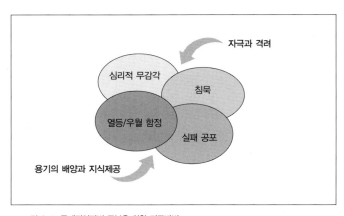

● 그림 6-1 **문제진입장벽 극복을 위한 접근방법**

동하고 있다. 용해로는 약 5년마다 주기적으로 보수작업을 한다. 이 때마다 삼성코닝은 내화벽돌부터 모든 설비와 수천 개에 이르는 부품을 새로 교체해 왔다. 이러한 관행은 1977년 용해로 사업을 시작한 이래 지속되어 온 것이다. 따라서 용해로 보수에 새로운 벽돌이나 부품이 들어가는 것은 당연한 일이었다. 이로 인해 매번 수백 억 원의 보수비를 지불하는 것도 응당 치러야 할 비용으로 여겼다. 여기에 제동이 걸린 것은 삼성코닝에 새로운 경영자가 부임하여 삼성코닝의 조직문화를 개조하기 시작한 이후부터였다.

"삼성코닝은 지금까지 삼성전자라는 편안한 고객을 믿고 안일하게 기업을 운영하고 있었습니다. 그래서 위기의식도 없고 무엇 하나 바꾸는 것을 매우 싫어합니다. 제가 와서 보니까 그렇게 해 가지고는 돌파구가 보이지 않았습니다. 경영환경은 날로 나빠지는데 삼성코닝은 과거의 일을 쳇바퀴 돌 듯이 반복하고 있었습니다. 사람들의 생각은 관료적이었고 일하는 모습을 보아도 낭비가 많았습니다. 그래서 이러한 조직문화로는 어떤 일도 할 수 없다고 생각했습니다. 구성원의 의식개혁 없이는 삼성코닝의 미래도 없다는 생각이 들었습니다. 그래서 조직문화를 혁신하기로 마음먹은 거죠."

당시 새로 부임한 사장의 이야기다. 조직문화혁신을 하겠다는 마음이 들자 기존 조직문화에 대한 파괴를 시도하였다. 먼저 삼성코닝의 매너리즘에 손을 대기 시작하였다. 신임사장의 목소리를 통해 이를 들어보자. "똑같은 일상을 반복하다 보면 자신도 모르게 생각하는 것이 귀찮아져 판에 박힌 생각과 구태의

연한 행동을 하게 됩니다. 이른바 매너리즘에 빠지게 되는 거죠. 매너리즘은 문제의식이 희미해지는 데서 시작됩니다. 눈이 침침해지면 새로운 길을 찾지 않으려고 하는 것처럼, 문제의식이 흐려지면 새로운 생각도 아이디어도 떠오르지 않습니다. 이것을 타파하는 것이 나의 첫번째 목표였습니다."

매너리즘의 파괴를 위해서는 문제도출이 필요하였다. 삼성코닝 사람들은 기업가치를 높일 수 있는 문제들을 자율적으로 제기하도록 끊임없이 요구받았다. 여기에 자극을 받아 나온 아이디어가 용해로 보수 건이었다.

용해로에 쓰이는 부품이 1600여 도의 고열에서 5년간 버텼지만 부품에 따라서는 10년 이상도 버틸 수 있는 것들이 있음에도 그냥 버리고 있다는 문제가 제기된 것이다. 물론 용해로 보수를 위한 부품의 리사이클링은 매우 위험한 착상이 될 수 있었다. 자칫 잘못 보수하여 용해로를 제대로 완성하지 못하면 그로 인한 손실은 기하급수적으로 늘어날 수 있었다. 이러한 위험부담을 안고 삼성코닝은 4개월에 거친 집중적인 노력으로 부품 리사이클링을 연구하기 시작하였다. 결국 용해로 보수에 부품 리사이클링이 가능하다는 사실을 발견하였다. 이를 통해 중고부품을 사용하여 용해로를 보수하는 데 성공하게 되었다.

그 결과 삼성코닝은 이전에는 경험할 수 없었던 지식점프의 맛을 보았다. 과거에는 용해로 운전지식과 완전히 새로운 부품·설비에 의한 용해로 해체 및 조립지식 정도를 가지고 있었다. 하지만 리사이클링은 용해로의 단순해체 및 조립지식 정도만으로는 해결하기 어려운 부분이 많다. 새로운 부품과 구 부품

사이의 결합에 따라 어떤 상황이 발생하는지에 대한 지식과 용해로 생산과정에 대한 보다 면밀한 이해가 없으면 리사이클링 자체가 어렵다. 삼성코닝은 이를 파악하고 재조립하는 경험을 가짐으로써, 용해로 운영과 조립지식의 도약을 이루게 되었다. 여기에 매번 수리할 때마다 드는 200억 원 상당의 보수비용 절약이라는 효과도 덤으로 얻었다.

침묵의 극복

조직 내에서 침묵이 발생하는 이유는 경영자나 부서장 또는 임원급에 속한 사람들이 부하들에게 갖는 부정적인 생각에서 출발한다. 이들이 부하들에 대해 부정적인 시각을 가질수록 부하의 상향 언로는 막히게 된다. 이러한 분위기가 장시간에 걸쳐 정착되면, 사람들이 자신의 생각을 노출시키기를 꺼리는 침묵현상이 증가하게 된다. 삼성코닝은 이러한 침묵현상을 경험한 기업이기도 하다.

"삼성코닝은 경영진은 지시하고 부하는 수행하는 조직문화가 철저히 배어 있었습니다. 상사의 말에 도전을 하는 것은 어느 누구도 감히 상상할 수 없는 문화를 가지고 있었지요. 그러다 보니 회의를 해도 상사의 눈치를 보는 것이 일반화되어 있었습니다. 회의를 하면 경영진이나 부서장만 떠듭니다. 아랫 사람들은 그저 듣기만 하면 됩니다. 이런 조직문화를 파괴하기 위해 여러 가지 노력을 해보았습니다. 먼저 청년중역회의 같은 것을 만들어 아랫 사람들과 대화를 시도하였습니다. 아무도 말을 꺼내지 않더군요. 이번에는 온라인상에 게시판을 두고 그들의 말을 들으려 했습니다. 주위에서 실명으로 해야 한다고 해서 그렇게 하였더니 실망만 커졌습니다. 올라오는 글의 수도 적었지만 진실된 말은 하나도 없었거든요. 이번에는 익명으로 글을 올리라고 하였습니다. 주위 임원들이 만류를 하였습니다. 전에도 한번 해보았는데 부작용이 너무 크다는 것이었습니다. 그래도 나는 말을 들어야겠다고 고집하여 익명으로 게시판에 글을 올리도록 하였습니다. 그랬더니 엄청난 불만들이 올라왔습니다. 처음에는 너무 당황스러웠습니다. 하지만 이게 시작이다 싶더군요.

그래서 올라온 불만과 문제들을 분류하였습니다. 이중 당장 시행할 수 있는 것은 시행하고 오해가 있었던 것은 담당부서가 해명하는 작업을 반복했으며 시간이 걸리는 문제는 반드시 하겠다는 약속을 하였습니다. 그러면서 불만건수는 줄어들기 시작하였습니다. 사람들도 변하기 시작하더군요." 삼성코닝의 신임 사장이 남긴 말이다. 삼성코닝 사람들이 얼마나 침묵하고 있었는지를 잘 보여준다.

신임 사장의 다음 단계는 부서장이나 임원들의 태도를 바꾸는 것이었다. 만일 부서장이나 임원들이 권위주의적인 발언을 하거나 그런 행동을 보이면 사장이 직접 추궁하였다. 처음에는 이들 부서장의 입에서 많은 불만이 터져 나왔다. 하지만 사장의 강력한 의지가 보이기 시작하면서 임원들과 부서장들의 태도도 변화하기 시작했다. 더 중요한 것은 아랫 사람들이 입을 열기 시작했다는 것이었다. 사장과 부서장에게 말을 걸 수 있는 용기가 생긴 것이다.

신임사장이 오면서 삼성코닝에는 두 가지의 중요한 덕목이 생겨났다. 하나는 용기이고, 다른 하나는 정직이다. 용기를 갖자는 말은 자신이 생각하고 있는 기업의 문제를 상사나 경영진에게 거리낌없이 털어놓자는 뜻이다. 정직하자는 말은 문제가 있음을 숨기지 말자는 것이다. 즉 남의 문제는 보면서 자신에게는 부정직하여 자신이 처한 문제를 숨겨서는 안 된다는 뜻이 담겨 있다.

"회사에서 일을 하다 보면 잘못되어 문제가 발생할 수 있습니다. 그러면 자기도 모르게 순간적으로 이를 감추고 싶은 생각이 들 때가 많습니다. 하지만 이런 생각이 더 큰 문제를 초래하게 마련입니다. 문제를 덮어두기보다 솔직하게 털어놓고, 그래서 다같이 머리를 맞대고 생각하면 해결책을 찾을 수 있습니다. 그래서 정직이 중요하다고 생각합니다." 신임사장의 말이다.

삼성코닝의 사례는 침묵을 어떻게 극복해야 하는가를 보여준다. 이 사례는 침묵을 하도록 만드는 것도 조직 리더지만 침묵을 벗어나게 하는 것도 조직 리더의 몫이라는 사실을 암시한다.

열등함정의 극복

열등함정은 실제로는 문제의 해결능력이나 지식을 가지고 있음에도 자신의 지식이나 능력을 평가절하하여 나타나는 심리적 현상이다. 삼성종합화학은 이를 극복하는 과정을 잘 보여준다.

"한국 화학공장이 대부분 그렇듯 장치설비는 대개 선진국의 유명 화학회사들 것입니다. 우리가 만든 것은 없어요. 이렇게 들여온 설비를 트러블 없이 얼마나 잘 운영하고 유지하느냐가 화학공장의 관건입니다. 그런데 아무리 선진국에서 들여온 설비라 하더라도 문제를 가지고 있는 경우가 많아요. 설비마다 특성이 달라 일종의 병목을 일으키는 공정이 있어요. 이럴 경우에는 과감히 설비를 개조하는 노력이 필요합니다. 설비를 개조하고 고쳐 보지 않으면 설비를 제대로 이해할 수 없어요. 그러면 선진국에게서 지식종속은 벗어날 수 없어요.

그런데 이것이 말처럼 쉽지 않습니다. 사람들이 설비에 손 대는 것을 극도로 싫어해요. 설비에 잘못 손 대면 배보다 배꼽이 커진다고들 말합니다. 손을 대다 고장이 나면 외국에서 엔지니어를 불러와야 하는데, 그러면 손을 안 대느니 못하다는 것입니다. 분명히 설비마다 특성이 달라서 생기는 일종의 병목 현상 공정이 있어요. 이것을 해결하면 생산성을 획기적으로 올릴 수 있는데, 이런 생각을 하지 않습니다. 왜 그런 줄 아세요. 자신이 없는 겁니다. 그리고 외국기술에 대한 믿음이 너무 확고해요. 선진국에서도 그렇게 안 하는 것을 왜 우리가 그렇게 해야 하느냐고 반문하는 거죠. 우리들 마음 속에는 항상 이런 생각이 무의식적으로 꽉 차 있었습니다." 삼성종합화학을 이끌었던 사장의 말이다. 이 말을 빌리면 삼성종합화학은 비교적 오랜 시간 열등함정이라는 굴레 속에서 지내 온 것으로 보인다.

구성원들의 생각이 바뀌기 시작한 것은 'LIFT' 라는 경영혁신 운동이 일어나면서이다. 삼성종합화학 사장의 말을 다시 들어 보자. "당시 우리 회사는 무사안일과 패배주의에 젖어 있었습니다. 아무리 회사가 어려워져도 삼성그룹의 회사이니 그룹이 무언가 해줄 것이라는 생각이 있었고, 설비에 트러블이 생기면 그저 손발을 열심히 놀리기는 하는데 머리를 써 원초적으로 문제

80

지식점프

를 제거할 생각들은 하지 않는 겁니다. 여기에는 선진국의 장비니까 우리가 할 수 있는 것은 없다는 열등의식이나 패배감이 있었습니다. 이것을 부수는 것이 나의 가장 커다란 임무였습니다. 그래서 사람이 변화하지 않고서는 아무 것도 안 된다는 생각을 하게 됐습니다."

그 이후로 삼성종합화학은 세 가지의 근본정신을 중요시하게 되었다. 자신감, 상호협력, 지식획득이 그것이다. 당시 삼성종합화학은 중국이 석유화학산업으로 진입하면서 어려움을 겪고 있었다. 이러한 어려운 상황을 헤쳐 나갈 수 있는 유일한 길은 선진국 기업들도 이루지 못한 고도의 생산성을 이룰 기술과 지식을 생성해 내는 길밖에 없다고 생각하였다. 이를 위해서는 구성원들의 자신감이 필요했다. 실패를 감수할 수 있는 자신감이었다. 하지만 이것을 혼자서 해결하려 하는 것은 무모하다는 생각이 들었다. 그래서 상호협력을 중요시하게 되었다.

이러한 의지는 도전과제의 도출이라는 방식으로 나타나기 시작하였다. 도전과제는 지금까지 해 보지 않았던 기술이나 방식을 과감히 시도해 보는 것을 말한다. 삼성종합화학이 의도적인 문제제기에 나선 것이다. 다음은 이러한 것이 현실로 나타난 많은 사례 중의 하나다. 장치산업의 관건은 설비가동을 중단하지 않고 연속가동을 얼마나 실현하느냐 하는 데 있다. 하지만 어쩔 수 없이 설비가동을 중단해야 하는 일도 발생한다.

98년 서산공장에서의 일이다. NCC(나프타 분해공장)의 분해가스 압축기 터빈의 고압축 조절밸브를 제어하는 제어기에서 신호변환기로 보내는 시그널에 이상이 생겼다. 이 신호변환기는 대당 가격이 1천 5백만 원을 넘는 고가 장비로, 전기신호를 유압신호로 변환하는 역할을 한다. 공정의 안정성, 스팀밸브를 고정시키기 어렵다는 점 그리고 유압조절계통의 운전중 절체작업이 어려운 점 등으로 인하여 미국이나 유럽, 일본 등 선진국에서도 2~4년마다 공장을 계획 정지시킨 뒤 교체작업을 해 온 터였다. 하지만 삼성종합화학은 공장을 정지시키지 않고 신호변환기를 교체하는 세계 최초의 일을 시도하였다. 반대도 만만치 않았다. 선진국에서도 공장가동을 정지시킨 후 하는 작업을 무리하게 시도하였다가는 더 큰 문제가 발생한다는 것이었다. 하지만 이 일은 생산부서와 기술부서 및 계전팀의 완벽한 협조로 불과 4시간 만에 성공할 수 있었다.

설립한 지 얼마 안 되는 공장에서도 유사한 일이 일어났다. 폴리에스터 원료인 파라자일렌(PX)과 벤젠을 생산하고 있는 방향족(BTX) 생산공장이 1997년 미국의 UOP사에서 공정과 생산기술을 도입하였다. UOP사는 방향족 생산공장을 기술과 생산성 측면에서 세계적인 경쟁력을 갖는 월드 베스트 공장으로 인정하였다. 하지만 과거에는 상상도 할 수 없는 일이 벌어졌다. UOP사의 최신 기술을 전수받았음에도 불구하고 이 공장을 혁신대상으로 지목한 것이다. 최초 공장 설계조건부터 공정조건에 이르기까지, 이 공장을 대상으로 총체적인 혁신이 이루어졌다. 아무리 최신의 공정이고 선진국 기술이라 하더라도 혁신할 곳은 많다는 생각을 가지기 시작한 것이다. 이러한 생각은 단시일 내 25개의 혁신과제를 만들어 내기에 이르렀다. 삼성종합화학이 열등함정을 벗어난 좋은 증거이다.

실패공포의 극복

열등함정이 적절한 능력과 지식을 가지고 있음에도 일어나는 심리적 현상이라면, 실패공포는 절대적인 지식과 능력의 부족에서 오는 심리적 현상이다. 기존 지식의 양과 질로서는 문제해결을 할 수 없다는 일종의 좌절감이다. 따라서 실패공포를 극복하기 위해서는 필요지식을 얼마나 원활히 공급해 주느냐가 관건이 된다. 현대자동차의 포니 개발은 실패공포를 이해할 수 있는 좋은 예이다.

포니 개발 당시 현대자동차는 기존의 기술제공선인 포드를 이용하려 했다. 하지만 이러한 생각은 포드와의 현격한 의견차이로 무산되기에 이른다. 포드는 자신들이 진출해 있는 시장에서 현대자동차의 자동차 수출은 불가능하다는 입장을 고집하였다. 이로 인해 현대자동차 경영진은 자동차 독자개발이라는 모험을 하게 되었다.

포니 개발 결정은 당시 회사 내 많은 사람들의 반대에 부딪치게 되었다. 주된 이유는 현대자동차의 고유모델 개발능력이 모자랐기 때문이었다. 포드에서 단순 자동차 조립기술을 전수받은 지식과, 개발을 위한 지식 사이에는 엄청난 갭이 존재하였다. 이러한 반대에도 불구하고 경영층의 의지가 불변하자, 현대자동차는 일순 불안감과 공포에 가까운 위기에 휩싸였다. 포니를 개발하는 데 포드의 도움을 받을 수 있었다면 그러한 공포심은 상대적으로 적었을 것이다. 하지만 상황은 그 반대였다. 회사 내에는 팽팽한 긴장감과 공포가 휘몰아쳤다.

하지만 현대자동차는 앉아만 있지 않았다. 일단 부족한 지식을 채우기 위한 강도 높은 노력을 전개했다. 외부에서 필요한 지식을 빠른 속도로 도입하기 시작하였다. 하지만 과거처럼 한 회사에서 일괄적으로 모든 지식을 도입한 것은 아니었다. 전세계의 자동차 회사 여기 저기에서 필요한 지식을 선택적으로 도입하였다.

1973년 7월 영국 퍼킨스 엔진사와 디젤엔진 제조를 위한 기술협력계약을 체결하였다. 같은 해 9월에는 이탈리아 이탈디자인사와 차체설계를 위한 용역계약을 맺었고 일본의 미쓰비시 자동차회사와는 가솔린 엔진, 변속기 및 후차축 제조를 위한 기술협력계약을 체결하였다. 이탈디자인사와는 현대자동차의 설계기술진을 이탈디자인사에 파견하여 설계작업의 제반 업무를 익힐 수 있도록 한다는 계약을 맺었다. 1974년 7월에는 미쓰비시와 주물제조기술 도입을 위한 기술협력계약을 맺었다. 기술협력계약과 동시에 이들 기업으로 많은 인력이 파견되었다. 필요한 기술을 익히기 위해서였다. 이러한 노력 끝에 현대자동차는 서서히 포니 개발이라는 엄청난 문제의 해결 실마리를 잡아 나가게 되었다. 실패에 대한 공포감도 서서히 사라지기 시작하였다.

실패공포가 강하면 실패할 확률도 높아진다. 이 실패공포를 낮추는 유일한 방법은 적절한 지식을 공급하는 길밖에 없다. 필요하면 돈을 들여서라도 이러한 지식을 사와야 한다. 그러나 모든 지식을 외부에만 의존하게 되면 지식종속에 빠질 위험이 있다. 이렇게 되면 열등함정에 빠져들 수도 있다. 현대자동차는 이러한 난제를 요소지식을 선택적으로 구입하는 방식으로 해결하였다. 요소지식은 낱개 지식이다. 따라서 지식을 사오는 기업들이 모두 다르다. 그렇게 낱개로 구입한 지식을 떼고 수정하는 일은 현대자동차 자신의 몫으로 남겼다. 이를 통해 현대자동차는 각각의 요소지식들이 어떻게 결합되어야 하는지를 터득하게 되었다. 포니를 개발하고 난 후 정세영 사장은 "이제서야 자동차를 이해하게 되었다"라고 술회하였다. 낱개 지식들을 떼고 나니 자동차 기술이 눈에 들어오기 시작하였다는 말이다. 이 말은 현대자동차가 포니 개발을 통해 이전에는 겪어 보지 못한 지식점프를 경험하였다는 고백이기도 하다.

위의 4가지 사례는 공통적으로 한 가지 사실을 다시 일깨워 주고 있다. 문제진입장벽의 원인은 문제자체의 난이도에 있는 것이 아니라 구성원들의 마음에 있다는 사실이다. 바꾸어 말하면 조직문화가 문제진입장벽의 근본 원인이라는 뜻과 같다. 조직문화란 '기업의 마음' 같은 것으로 구성원들의 마음가짐을 반영하기 때문이다.

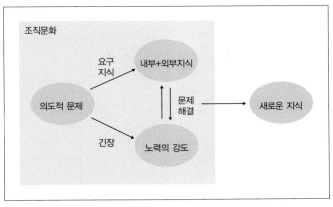

● 그림 6-2 **지식점프와 조직문화**

문제진입장벽은 어느 날 갑자기 나타나지 않는다. 오랜 기간 숙성된 악성문화 때문에 나타난다. 따라서 지식점프에 이르기 위해서는 이 악성문화를 깨뜨리는 데서 시작해야 한다. 앞에서 우리는 지식점프는 의도적인 문제제기 및 충실한 내부지식과 외부지식 그리고 노력의 강도에 의해서 이루어짐을 살펴보았다. 여기에 하나를 더 추가한다면 바로 조직문화이다. 조직문화는 이들이 서로 호흡하고 어울려 신명나게 춤추도록 만드는 멍석 같은 역할을 한다.

문제해결을 위한
심리적 함정 극복하기

제6장까지의 이야기를 요약해 보자. 지식점프는 탐색적이고 탐험적인 문제를 제기하는 데서 시작한다. 이들은 도전적인 성격을 갖는다. 이 도전적인 문제가 사람들의 노력과 지식을 한곳으로 모은다. 문제가 도전적이지 않고 별 볼일 없으면 사람들의 노력과 지식도 별 볼일 없는 곳에서 소비되고 만다. 그래서 도전적인 문제의 제기는 사람들의 노력을 한방향으로 정렬시키는 역할도 한다.

이제 이 문제를 어떻게 해결할 것인가에 관해 설명해 보자. 지식점프는 문제제기만 하면 저절로 이루어지는 것은 아니다. 빛에 대한 궁금증을 가졌다고 다 아인슈타인이 되는 것은 아니기 때문이다. 아인슈타인처럼 되려면 그 문제를 풀기 위해 밤낮을 가리지 않고 문제해결에 나서야 한다.

문제제기가 지식점프로 들어가는 첫 관문이라면, 문제해결은 지식점프를 완성하는 종착역이다. 문제해결이 피상적이라면 지식점프는 어려워진다. 그러나 근원적인 문제해결이 생각만큼 쉬운 것은 아니다. 이를 방해하는 함정이 도사리고 있기 때문이다. 재미있는 것은 이 함정 역시 심리적이라는 것이다. 이 심리적 함정으로 인해 창의적인 문제해결이 어려워진다.

사람들이 문제해결 과정에서 심리적 함정에 빠지는 상태를 전문용어로는 고착(fixation)이라고 한다. 생각이 어딘가에 고정되어 있어 새로운 생각에 이르지 못하는 상태를 이르는 말이다. 흔히들 말하는 '고정관념' 이란 것도 고착과 관계가 있다. 고착이 생겨나는 이유는 대략 다섯 가지 정도로 설명할 수 있다.[13]

첫번째는 성공함정이다. 사람들은 과거의 성공경험으로 얻어진 노하우를 미래에도 반복해서 사용하려는 속성이 있다. 자수성가한 사람이 자기 자식에게도 똑같은 경험을 강요하는 것과 유사하다. 이런 심리적 관성을 성공함정이라고 한다. 이렇게 되면 새로운 시각을 통한 문제해결이 어려워진다. 성공했던 기억만 머리에서 뱅뱅 돌 뿐 더 이상 새로운 방법이 생각나지 않기 때문이다.

두 번째 이유로는 기능적 고착(functional fixedness)을 들 수 있다. 자신이 잘 알고 있는 기능지식 때문에 문제해결이 어려워지는 현상이다. 사람들은 자신이 잘 알고 있는 기능지식을 통해

---

13 Kaufmann, G.(2001), "Creativity and Problem Solving", In Jane Henry(Ed.), *Creative Management*(2nd ed.) London : SAGE Publication.

문제를 해결하려는 성향이 있다. 하지만 개인이 가지고 있는 기능적 지식은 타인의 시각을 받아들이기 어렵게 하거나 새로운 시각을 방해하는 원인이 될 수 있다.

신제품 개발회의를 할 때 이런 일이 자주 벌어진다. 영업사원이 소비자들의 변화된 구매성향을 아무리 이야기해도 생산부서 사람들은 생산의 비효율성과 어려움만을 들며 자기 주장을 굽히지 않는다. 소비자의 요구는 생산담당자의 고민과 상치되는 경우가 많다. 생산담당자 입장에서는 소비자의 요구를 들어주는 것이 생산성을 떨어뜨리는 바보 같은 일이라고 생각하기 때문이다.

세 번째 원인은 잠복가정(hidden assumptions)이다. 사람들은 문제에 부딪혔을 때 나름대로 이런 문제는 이렇게 풀어야 한다고 마음 속으로 가정한다. 성냥개비 6개를 가지고 정삼각형 4개를 만들라는 문제가 있다고 하자. 이 문제에 부딪치면 대개 평면 위에 6개의 성냥개비를 이렇게 저렇게 늘어놓으면서 정삼각형 4개를 만들려고 끙끙댄다. 왜 그럴까? 이유는 자신도 모르게 가지고 있는 마음 속의 가정 때문이다.

학교에서 정삼각형을 공부할 때 평면 위에 그려진 것만 보아왔기 때문에 당연히 정삼각형은 평면 위에 존재한다는 가정을 마음 속에 한 것이다. 이 가정대로 평면 위에서 문제를 풀려고 하다 뜻대로 풀지 못하는 것이 잠복가정에 의한 심리적 함정이다. 이 문제는 평면이 아닌 입체적으로 생각해야 풀린다. 〈그림 7-1〉을 참조하기 바란다. 잠복가정 현상은 문제를 제대로 읽지 않아 답을 잘 틀리는 학생들에게서도 관찰할 수 있다. 주어진

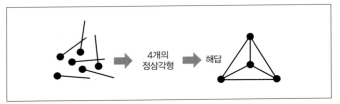

4개의
정삼각형

해답

● 그림 7-1 **잠복가정의 예**

문제를 다 읽지 않고 이 문제는 이거구나 하고 지레 짐작하여
푸는 학생들이 있는데, 이것 역시 잠복가정에 의한 실수이다.

사람들은 자신의 사고와 잘 부합하는 현상은 쉽게 받아들이고
부합하지 않는 현상은 부정하려는 심리를 가지고 있다. 이것이
문제해결의 네 번째 심리적 함정으로, 확증편기(confirmation
bias)라고 부른다. 이미 자기 나름대로 머리 속에 논리가 정리되
어 있어 여기서 벗어나기를 심리적으로 거부하는 현상이다. 확
증편기는 완고한 이론세계를 가지고 있는 과학자들에게서 자주
발견된다. 이론 검증실험에서 자신의 이론에 부합하지 않는 결
과가 나오면 이를 실험의 오류 등으로 생각하고 받아들이지 않
으려는 성향이 그것이다. 보통 사람들도 유사한 경험을 한다.
다른 사람들과 대화할 때 자기와 다른 생각을 하는 사람들의 말
은 듣는 둥 마는 둥 하는 자신을 발견할 때가 있다. 이 역시 확증
편기 때문에 오는 현상이다.

다섯 번째의 심리적 함정으로 보수적 성향을 들 수 있다. 위험
은 가급적 회피하려는 성향을 말한다. 익숙하지 않은 새로운 아
이디어보다는 기존의 것에서 개선된 아이디어를 좋아하는 경향
이 보수적 성향이다. 벤처기업을 하는 사람들은 때로 한국에서

는 진정 새로운 것은 결코 성공할 수 없다고 푸념을 한다. 그래서 새로운 것일수록 미국이나 유럽에서 인정을 받은 뒤 다시 한국으로 들여와야 한다는 말을 한다. 이 말 역시 보수적 성향을 설명해 준다. 보수적일수록 새로운 아이디어에 불안감을 느끼는 심리적 함정에 빠지게 된다.

심리적 함정이 존재하면 문제를 창의적으로 해결하기 어렵다. 앞선 장에서 내부의 지식수준과 노력의 강도가 지식점프에 중요하다는 사실을 지적한 바 있다. 이들을 하나로 묶는 것이 의도적으로 제기된 문제이다. 그리고 이 문제를 창의적으로 해결할 때 궁극적인 지식점프가 이루어진다. 지식수준이 높고 열심히 노력하였다고 지식점프가 일어나지는 않는다는 것이다. 좋은 문제가 있어야 하고 이 문제를 창의적으로 해결하였을 때 놀라운 지식점프가 일어난다.

LG전자가 휘센 에어컨을 개발할 당시 여러 가지 해결방법이 있었다. 그 중 하나는 50%의 절전도를 이루는 방법이었다. 전기를 제공하는 인버터를 고급화시키면 가능한 일이지만, 이렇게 하면 제조원가가 치솟았다. 효율을 높이면 제조원가가 오르고 제조원가를 낮추려면 고급 인버터를 써서는 안 되는 모순된 상황이 일어난 것이다. 이 상황을 콤프레서 분리라는 아이디어로 해결한 것이 휘센이다. 에어컨 전문가들은 콤프레서는 당연히 하나로 작동되는 것이 정상이라는 생각을 가지고 있었다. 앞에서 소개한 잠복가정이 있었기 때문이다. 이 심리적 함정을 두 개의 콤프레서로 극복한 것이 휘센 에어컨이다.

〈그림 7-2〉는 지식수준과 노력의 강도와 더불어 문제해결의

심리적 함정을 얼마나 극복하였는가에 따라 지식점프가 어떻게 나타나는가를 보여주고 있다. 동일한 지식수준과 동일한 노력을 기울인다고 해도 문제해결의 심리적 함정에 빠져 있으면 창의적인 새로운 대안을 찾을 수 없다. A는 창의적인 해결방법을 찾은 경우이고 B는 심리적 함정에 빠져 기존지식의 연장선상에 머무른 경우이다. 즉 B는 노력도 하고 충분한 지식도 있었지만 문제해결의 심리적 함정을 극복하지 못한 경우라고 할 수 있다. 이렇게 되면 지식점프에 이르기 어려워진다.

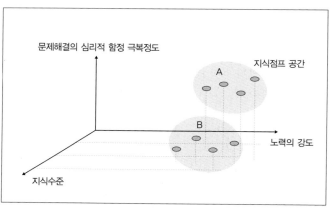

● 그림 7-2 **지식점프 공간**

여기서 한 가지 오해가 있을 것 같아 지적해 두고 넘어가고자 한다. 문제해결이 지식점프의 종착역이라고 해서 문제제기의 중요성이 줄어드는 것은 아니다. 문제제기와 문제해결은 사실 하나의 연결된 고리라고 보아야 한다. 탐색적이고 탐험적인 문제는 역시 탐색적이고 탐험적인 문제해결을 요구한다. 그만큼 창의적인 해결노력을 필요로 한다는 말이다. 빛에 대한 독특한 이론체계인 일반상대성이론은 빛에 대한 아인슈타인의 독특한 고민에서 시작한 것이다.

세계 최초로 인간배아 줄기세포를 복제한 사람은 한국의 황우석 교수이다. 인간의 배아복제가 불가능하다는 정설에 도전하여 얻은 결과이다. 삼성코닝의 리사이클링을 통한 용해로 보수도 이와 유사하다. 중고타일과 부품을 재사용하기 위해서는 새로운 타일과 부품들이 이들과 문제없이 결합해야 한다는 난제에 부딪쳤다. 이 난제를 극복하면서 용해로 보수의 지식점프가 일어나게 된 것이다. 결론적으로 말하면, 탐색적이고 탐험적인 문제를 제기하였다는 것은 문제해결 역시 평범해서는 안 된다는 사실을 암시한다.

본래의 이야기로 돌아가자. 문제해결의 심리적 함정은 어떻게 극복할 수 있을까? 이를 설명하기 위해서는 먼저 설명해야 할 부분이 있다. 인간이 지식을 어떻게 만드는가에 관한 것이다. 이것을 알면 문제해결의 심리적 함정을 어떻게 극복할 수 있는지에 대한 해답을 얻을 수 있다. 여기에 답을 준 한 학자로, 심리학과 교육학 및 철학분야에 엄청난 영향을 미친 프랑스의 대학자 피아제(Piaget)[14]를 들 수 있다.

그는 사람들이 어떻게 지식을 만들어 가는가를 설명하기 위하여 두 가지 개념을 사용하였다. 하나는 동화(assimilation)라는 것이고 다른 하나는 수용(accommodation)이라는 것이다. 사람들은

---

14 Piaget, J.(1970), *The Development of Thought : Equilibration of Cognitive Structure*, NY: Viking Press.

새로운 것을 보게 되면 일단 자신이 가지고 있는 기존 지식(심리학에서는 스키마라고 한다.)을 통하여 이것을 이해해 보려고 노력한다. 새로운 경험을 기존의 지식체계 안에서 설명하려고 하는 것이 동화이다. 기존지식으로 새로운 경험이 설명되면 그 경험은 기존지식에 동화되었다고 한다.

예를 들어 보자. 어린 아이가 개의 모습이 어떻게 생겼는지를 알고 있다고 하자. 이를 개에 대한 지식이 있다고 말한다. 개의 종류는 매우 많다. 치와와처럼 매우 작은 개도 있고 불독처럼 큰 개도 있다. 모습도 여러 종류다. 진돗개도 있고 허스키와 같이 늑대를 닮은 개도 있다. 이처럼 다양한 개를 어린 아이가 처음 보았다고 하자. 그러면 어린 아이는 이들을 모두 개라고 인식할 수 있을까? 이 때 사용되는 심리적 현상이 동화이다. 어린 아이는 자기가 알고 있는 개에 대한 특성지식을 가지고 처음 본 개의 특성과 비교한다. 이 특성들이 일치하면 크기나 모습 차이에 관계없이 개라고 인식하는 것이다. 이것이 동화과정이다.

어떤 경험들은 기존의 지식으로 설명되거나 해결되지 않는 경우가 있다. 이 때 인간은 마음의 평화가 깨진다. 이를 인지적 평형상태(cognitive equilibrium)가 깨진다고 한다. 이렇게 되면 당황과 혼란을 경험하게 되는데, 이를 인지적 동요(cognitive disturbance)라고 한다. 어린 아이가 개는 알고 있지만 다른 동물은 모른다고 하자. 그런데 어느날 염소를 보았다. 어린 아이는 자신이 알고 있는 개의 지식을 통하여 염소를 설명하려고 한다. 하지만 아무리 보아도 개로 설명할 수 없는 요소가 있음을 알게 된다. 짖지도 않고 풀을 먹으며 머리에는 뿔이 나 있다. 어린 아이는 머리에 혼란이 일어난다. 인지적 동요가 발생한 것이다.

인지적 동요는 다른 나라에 가서 음식을 먹을 때도 일어난다. 서양의 식사법은 한국의 식사법에 비하여 매우 복잡하다. 그리고 생소한 도구를 많이 사용한다. 이런 식사를 처음 접하면 매우 당황하게 된다. 한국음식을 먹는 방법에 서양음식이 동화되지 않는, 쉽게 말해 우리의 식사법이 서양에서는 통용되지 않기 때문이다.

인지적 동요를 경험하게 되면 대개 이것을 회복하려고 노력한다. 이 과정에서 기존 지식을 다시 돌아보는 성찰(reflection)이 일어난다. 어린 아이의 경우 개에 대한 자신의 지식이 염소를 설명하기에는 부적절한 것은 아닌지 돌아보기 시작한다는 말이다. 서양음식에 당황한 사람들은 주위를 두리번거리기 시작한다. 한국음식을 먹는 방법이 서양음식을 먹을 때에는 부적절하다는 것을 알았기 때문이다.

피아제는 이를 탈중심화(decentering)라고 불렀다. 탈중심화 현상은 자신의 지식을 통해 충분한 설명을 얻지 못할 때 발생한다. 자신의 지식체계에 문제가 있음을 인식하고 이에 대한 점검을 하기 시작한다. 이것이 성찰이다. 아인슈타인 역시 자신의 지식기반으로 뉴턴의 지식체계를 가지고 있었다. 그런데 아무리 생각해도 빛은 뉴턴의 지식체계에 동화되지 못하였다. 무언가 이상하였다. 이 때부터 아인슈타인의 머리 속에서는 뉴턴의 지식체계에 대한 성찰이 일어났다. 결국 뉴턴 중심의 지식체계에서 벗어나는 탈중심화를 경험하게 된다.

탈중심화 과정은 두 가지 방식으로 일어난다. 하나는 다른 사람의 관점을 가지고 자기 지식을 수정하는 방법이다. 새로운 경험에 정통한 사람들의 견해를 받아들이고 이를 자신의 새로운 지식으로 기억하는 것이 이에 속한다. 어린 아이들이 어른의 설명을 듣고 염소라는 새로운 동물이 있음을 알게 되는 경우이다. 식당 여기저기를 두리번거리며 다른 사람들이 어떻게 먹는지를 보고 따라서 먹기 시작하는 경우도 여기에 속한다.

다른 하나는 이것이 불가능할 때 나타난다. 아무도 염소라는 동물을 적절히 설명해 주는 사람이 없다고 하자. 그러면 어린 아이는 자신의 경험을 설명할 수 있는 새로운 생각을 통해 마음의 동요를 해결하려고 한다. 그리하여 '풀 먹고 뿔 달린 개'라는 새로운 개념을 만들어 냈다고 하자. 이것이 새로운 이론이다. 피아제는 이런 현상을 설명하기 위하여 성찰적 추상(abstract)이라는 어려운 말을 썼다. 염소의 여러 구체적인 행동이 개와는 다름을 보고(성찰) 염소의 특징을 압축(추상화)하여 '풀 먹고 뿔 달린 개'라는 새로운 개념을 만들어 내는 작업을 말한다.

피아제는 이 두 가지, 즉 다른 사람의 관점을 수용하는 것과 자신이 새로운 개념을 생각해 내는 것 모두를 수용이라는 단어로 설명하였다. 자신의 지식체계에 부합하지 않는 경험을 기존 지식에 강제로 동화시키기보다는 새로운 경험을 있는 그대로 받아들이면서 새로운 지식을 만들어 간다는 뜻이 담겨 있다.

인간이 지식을 만드는 또 다른 방법은 비고스키(Vygotsky)[15]가

---

15 Vygotsky, L. S.(김판수, 박수자, 심성보, 유병길, 임채성, 허승희, 황홍섭 (2000), 「구성주의와 교과교육」(서울:학지사) 에서 재인용).

설명한 바 있다. 비고스키는 인간이 지식을 생성하기 위해서는 사람들 사이의 부딪침이 중요하다고 생각하였다. 그에 의하면 인간은 다른 사람과 상호작용을 통하여 자신이 가지고 있는 지식을 확대해 나간다고 보았다. 즉 사람들은 처음에는 자기만의 주관적인 지식을 가지고 있지만, 다른 주관을 가진 사람들과 부딪침을 경험하는 과정에서 다른 사람들의 지식을 흡수하고 자신의 지식을 수정하면서 지식발달을 꾀한다는 것이다. 비고스키는 타인의 지식이 자신의 지식 속으로 녹아드는 이러한 과정을 내면화(internalization)라고 하였다.

인간의 상호작용을 통해 지식이 생성되는 과정을 보다 구체적으로 알기 위해 인지지도(cognitive map)라는 용어를 설명하려고 한다. 인지지도는 한 개인이 머리 속에 가지고 있는 인과구조를 뜻한다. 남대문에서 동대문으로 이르는 길을 알려준다고 하자. 대로를 중심으로 길을 설명하는 사람도 있고 샛길을 적절히 섞어서 설명하는 사람도 있다. 어느 쪽을 선택하여 설명하든 사람들은 길을 설명하기 위해 지도를 머리에 그리게 되는데, 이것이 인지지도이다. 기계를 다루거나 테니스를 칠 때에도 사람들은 어떤 경로를 머리 속에 그리고 있다. 자전거를 어떻게 타느냐고 물어보면 보통 머리 속에서 자전거 타는 모습을 그려 본다. 이것 역시 인지지도이다.[16]

사회적 상호작용은 서로 다른 인지지도를 갖는 두 사람이 부딪치면서 일어난다. 이 때 사람들은 갈등을 경험하게 되는데,

---

16 이홍, 앞의 책.

그러한 갈등은 오히려 자신의 견해와 관점에 관한 자기성찰을 유도하면서 좀더 깊은 생각을 할 수 있는 계기를 주게 된다.

사회적 상호작용은 3가지 과정으로 일어난다. 의사소통 (communication)이 일어나는 단계가 그 첫번째로, 언어를 통해 자신의 지식을 전달하는 단계이다. 두 번째는 자신의 지식을 타인에게 평가(evaluation)받는 단계이다. 이 단계에서는 다른 사람들 사이에서 지식의 유용성에 대한 논란이 일어난다. 이 때 견해차이로 인한 갈등이 일어날 수 있다. 세 번째는 내면화 (internalization) 단계이다. 다른 사람들의 지식과 비교 통합되어 자신의 지식이 수정되거나 강화되는 단계이다. 내면화는 기존 지식과 통합(integration)이 일어나는 과정이라고도 표현할 수 있다.[17]

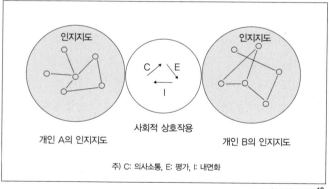

주) C: 의사소통, E: 평가, I: 내면화

자료원: 이홍 (1999)[18]

● 그림 7-3 **사회적 상호작용과 지식생성**

17 앞의 책, p. 118
18 앞의 책, p. 118

〈그림 7-3〉은 두 사람의 상호작용을 그림으로 표현한 것이다. 두 사람의 상호작용은 두 개의 원으로 표시되어 있으며, 의사소통(C), 평가(E) 그리고 내면화(I)의 과정을 통해 새로운 지식생성과 발달을 경험하고 있음을 보여준다.

인간이 어떻게 지식을 만들어 가는지 이해하게 되면, 문제해결의 심리적 함정을 어떻게 극복할 수 있는가에 대한 힌트를 얻을 수 있다. '탈중심화'가 첫번째 힌트이다. 탈중심화는 기존지식의 사용에 의구심을 일으키는 인지적 동요 때문에 발생한다. 이것이 하나의 단서가 된다. 두 번째 힌트는 사람들간의 상호작용을 통한 이종(異種)지식의 내면화에서 찾을 수 있다. 사람들로 하여금 다른 지식을 가지고 있는 사람들과 부딪치게 만들어, 다른 종류의 지식을 내면화하는 기회를 마련하자는 것이다. 이를 창조적 마찰이라 부르기도 한다. 창조적 마찰의 궁극적 목적은 마찰로 인해 갈등상태로 남아 있자는 것이 아니라, 서로 다른 지식이 부딪쳐 내면화로 이어지는 과정을 자극하자는 데 있다. 이들에 대하여 구체적으로 살펴보자.

기존 지식에 대한 한계 인식하기: 탈중심화

문제해결의 심리적 함정은 어떻게 극복할 수 있을까? 이 물음에 대한 첫번째 해답은 기존지식의 한계인식과 관계가 있다. 피아제가 말한 탈중심화 현상이 일어나야 한다. 어떻게 이것을 가능하게 할 수 있을까? 이에 대한 일부 해답을 LG전자가 보여준다.

LG전자 창원공장에 가면 다음과 같은 구호가 벽면에 붙어 있다. '5%는 불가능해도 50%는 가능하다!' 이 기업의 벽면에 써 있는 구호는 매우 의미심장하다. 5%는 불가능한데 50%는 가능하다는 의미가 무엇일까? 한마디로 5%라는 낮은 목표는 오히려 혁신적인 생각을 해내는 데 장애가 된다는 것을 의미한다. 5%를 목표로 정하면 사람들은 기존의 방법을 개량하여 목표를 달성하려고 한다. 하지만 기존 방법은 이미 개량의 한계에 도달해 있는 경우가 많다. 그럼에도 기존의 방법을 동원하여 해답을 찾으려고 하면 사고의 전환이 더 어려워진다는 것이 LG전자의 생각이다.

반대로 목표를 50%로 정하면 기존 방법으로는 목표를 달성할 수 없음을 일찍 깨달아 처음부터 전혀 새로운 접근을 시도하려고 한다는 것이다. 물론 실패하는 경우도 있지만, LG전자는 이를 통해 이전에는 생각도 할 수 없었던 새로운 혁신대안이 창출된다는 사실을 오랜 경험으로 알게 된 것이다. 50% 목표는 기존 지식에서 떠나는 탈중심화를 자극하기 위한 것이었다.

LG전자의 휘센 에어컨 개발은 50% 목표에 의한 탈중심화로 얻은 결과이다. 50% 목표를 통해 문제해결의 심리적 함정을 극복한 좋은 사례이다. 에어컨은 과다한 전력소모가 판매에 가장 큰 애로사항으로 작용한다. 전력소비를 50% 이상 줄이면서 제조원가 상승 역시 최소화해야 한다는 개발목표로 완성된 제품이 휘센 에어컨이다.

처음 50% 목표를 설정할 당시 사람들은 매우 당황했다. 에어컨 절전이 지금까지 5~10% 수준 정도에 그쳐 왔던 과거의 경험 때문이었다. 전기소비량을 절반으로 줄이는 과제를 부여받은 연구원들은 처음에는 일본에서 사용하는 기술을 생각하였다.

일본에서는 콤프레서 작동을 인버터로 제어함으로써 실내온도의 변화에 민감하게 반응하면서도 전기료 역시 획기적으로 낮추고 있었다. LG전자의 입장에서도 일본 방식을 취하면 손쉽게 문제를 해결할 수 있었다. 하지만 인버터 방식은 결정적인 약점을 가지고 있었다. 이를 적용하기 위해서는 기존의 생산라인을 대대적으로 교체해야 할 뿐 아니라 신규 부품협력업체도 개발해야 하는 큰 부담이 있었다. 이러한 부담을 안고서는 제품개발의 의미 자체가 거의 없었다. 생산원가의 증가로 제품 값이 매우 비싸지는 것은 자명하였다. 결국 인버터 방식은 매력적임에도 불구하고 고려에서 제외되었다.

이에 따라 새로운 사고가 전개되기 시작했다. 기존의 생산방식에 커다란 변형을 주지 않으면서도 획기적인 절전이 가능한 에어컨을 어떻게 만들 것인가? 이를 모색하는 과정에서 나온 것이 작은 용량의 콤프레서 두 대를 하나의 사이클로 구성하는 방

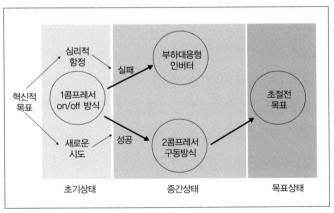

● 그림 7-4 휘센 개발시 혁신적 목표에 따른 인지적 동요와 심리적 함정의 극복

식이었다. 이후 집요한 연구가 지속되었다. 결국 두 대의 콤프레서를 구동하기 위한 어큐뮬레이터가 제작되고 새로운 배관설계가 고안됨으로써 휘센 에어컨이 개발되기에 이르렀다(〈그림 7-4〉참조).

문제해결의 심리적 함정을 피하면서 혁신적 목표를 통하여 지식점프에 이룬 예는 시네픽스의 3D애니메이션 큐빅스 프로젝트에서도 보인다. 시네픽스는 3D애니메이션 개발에 있어 처음부터 미국시장 진입을 목표로 잡았지만, 미국시장이 요구하는 애니메이션 창작도와 품질 수준은 시네픽스의 능력을 훨씬 초과하는 것이었다. 이 때문에 큐빅스 제작 초기에는 미국기업의 국내하청업체 전문가에게 도움을 받으려고 하였다. 이들을 통하여 미국시장에 통용될 수 있는 지식을 얻을 수 있으리라는 기대에서였다.

하지만 이들은 이미 OEM주문자들의 요구에 매우 익숙해 있었다. 이들이 제시하는 이야기의 전개나 디자인 등은 기존의 애니메이션 수준을 넘지 못하고 있었다. 또한 OEM주문자들의 요구사항에 굳어진 애니메이션 제작방식도 고집하였다. 하지만 시네픽스의 목표는 미국시장이었고, 이를 위해서는 전혀 새로운 창작물이어야 했다. 따라서 기존 애니메이션과 디자인 등에 있어서 조금이라도 유사성이 발견되면 과감히 버리는 작업을 해 오던 차였다.

애니메이션 산업에 처음 뛰어든 시네픽스에게는 비록 이들의 경험이 매우 필요하였지만 결국은 고용하지 않기로 결정했다. 어려움을 겪긴 하겠지만, 하청제작 경험이 없는 사람들을 중심으로 프로젝트를 완수하는 것이 오히려 자신들의 목표성취를 쉽게 할 것이라는 판단이 섰기 때문이다. 시네픽스는 기존 방법에 의존하려는 심리적 함정을 과감히 떨치려고 노력하였다. 이것이 오히려 창의성과 완성도 높은 3D애니메이션 큐빅스를 만들어 내는 원동력으로 작용하였다.

이종지식과 관점에 대한 수용: 사회적 상호작용을 통한 창조적 마찰

문제해결의 심리적 함정에서 벗어나기 위해서는 우선 고착상태에서 벗어나야 한다. 고착을 제거하는 또 다른 방법으로 창조적 마찰을 들 수 있다. 창조적 마찰이란 서로 다른 아이디어와 생각을 부딪치게 만들어 고정관념의 벽에서 벗어나자는 것을 말한다. 그러므로 서로 다른 지식간의 충돌이 필요하다. 이질적인 지식배경을 가진 사람들이 모여서 문제를 다양한 시각에서 보는 일 등이 여기에 해당한다. 비고스키가 말한 것처럼 상호작용을 통해 갈등과 불일치를 일으키자는 것이다.

창조적 마찰은 크게 두 가지 측면에서 살펴볼 수 있다. 하나는 서로 다른 지식을 갖는 사람끼리 부딪치게 만드는 방법이다. '집단 내 마찰 일으키기'로 정의할 수 있다. 다른 하나는 집단과 집단을 부딪치게 만드는 방법이다. '집단간 마찰 일으키기'라고 할 수 있다.

집단 내 마찰 일으키기

문제해결에 있어서 집단 내 마찰이 얼마나 중요한가? 이를 이해하기 위하여 집단 내 마찰이 전혀 없는 평온한 집단을 생각해

보자. 대개 이러한 집단은 매우 유사한 생각을 가진 사람들이 모여 있다. 이렇게 되면 사람들은 사고나 지식배경의 유사성으로 서로 편안함을 느끼게 된다. 하지만 이들은 쾌적성 증후군에 걸려 아무런 창조적 성과도 낼 수 없게 된다.[19]

유사한 사고와 지식배경을 가진 사람들은 서로 호흡이 잘 맞아 편안함을 느끼는데, 이것이 쾌적성 증후군이다. 쾌적성 증후군에 걸린 사람들이 모이면 그 유사성으로 인해 집단적 고정관념에 빠지게 된다. 따라서 문제해결에 있어서 심리적 함정을 벗어나기가 쉽지 않다. 이러한 증후군에 걸린 기업들은 NIH(Not Invented Here) 병에 걸리기 쉬워진다. NIH병이란 오랜 기간 호흡을 같이 해 온 연구인력들이 서로 생각까지 유사해져 새로운 아이디어를 제시하는 능력이 떨어지는 병을 말한다.[20]

창의적 문제해결을 위한 집단 내 마찰 일으키기 방법은 문제해결 팀 내에 다양한 사람들을 배치하는 것이다. 이런 팀을 다차원적 팀이라고 한다.[21] 서로 다른 종류의 지식, 통찰, 기술뿐만 아니라 성격, 가치관, 역할 또는 기능이 다른 사람들이 모여 구성된 팀이 다차원팀이다.

다차원팀의 형태로는 기능횡단팀(cross functional team)이나 학제횡단팀(cross discipline team)을 들 수 있다. 기능횡단팀이나 학

19 Leonard, D. and Straus, S.(1997), "Putting Your Company's Whole Brain to Work", *Harvard Business Review*, Jul.–Aug., pp. 111~121.

20 Katz, R.(1997), "Managing Professional Careers : The Influence of job Longevity and Group Age", In Michael L. Tushman and Philip Anderson(Eds.), *Managing Strategic Innovation and Change*, pp. 183~199, Oxford : Oxford University Press.

21 Bomers, G.(1989), *The Learning Organization* (in French), September : Nijenrode.

제횡단팀이 창조적 마찰을 충분히 일으키기 위해서는 3가지 구성조건을 충족해야 한다.[22] 하나는 전문성이다. 전문성은 한 분야의 문제로 접근 가능한 깊은 지식의 정도를 말한다. 두 번째는 인지스타일의 다양성이다. 인지스타일은 사고하는 차이를 말하는 것으로 서로 다른 견해를 가질 수 있도록 해준다. 마지막이 문제해결 도구와 방법의 다양성이다. 다양한 문제해결 도구와 방법은 문제를 서로 다른 방식으로 접근하게 만들어 준다.

하지만 다양한 배경을 갖는 사람들을 모아 놓기만 하였다고 창조적 마찰이 일어나 창의적인 팀이 되는 것은 아니다. 다양한 배경을 가진 사람들이 서로 통합될 때 비로소 이러한 현상이 일어난다. 이러한 주의 없이 다양한 사람을 모아 놓는 데만 주력하면, 건설적으로 이루어져야 할 마찰이 서로의 이해 대결이나 비생산적인 알력으로 비화되는 경우가 많다. 또 논쟁에 의한 감정 개입으로 창조적 과정 자체가 어려워지는 경우를 자주 볼 수 있다. 이로 인해 마찰은 문제해결에 도움이 되지 않는다고 생각하는 기업들도 많이 있다.

이러한 문제가 대두되는 이유는 다양한 사람들을 통합하는 관리행위가 없기 때문이다. 팀이 다차원성을 갖는 경우 3가지의 통합관리가 필요하다.[23]

첫째, 다양한 전문성을 통합하는 관리가 필요하다. 전문적 배경을 갖는 사람들을 통합시키는 것은 그리 간단한 문제가 아니

---

22 Leonard-Barton, D.(1995), *Wellsprings of Knowledge*, Boston, MA : Harvard Business School Press.
23 앞의 책

다. 하지만 다른 전문분야도 이해할 수 있는 사람들로 인원이 구성된다면 상황은 달라진다. 이런 종류의 사람들을 T형 또는 A형 전문가로 부른다. T형은 자신의 전문분야를 하나 가지고 있지만 T자의 윗부분이 암시하듯 다른 분야에 대해서도 어느 정도 깊은 이해를 가지고 있는 전문가를 말한다. A형은 A의 두 다리가 의미하듯 두 분야에서 전문성을 가지는 사람을 말한다. 팀이 이러한 전문가들로 구성되면 다차원 집단도 쉽게 통합될 수 있다.

이러한 방식 이외에도 다양한 전문분야의 이해력을 가진 팀리더를 배치하는 방식도 있다. 전문성이 달라지면 사용하는 용어도 매우 달라진다. 따라서 서로 다른 전문분야를 이해하기 위해서는 그 분야의 언어를 이해하고 있어야 하는데, 이러한 전문언어체계를 익힌 팀리더가 있다면 집단 내 의사소통력을 높일 수 있어 소모적인 마찰을 막을 수 있게 된다.

둘째, 다양한 인지스타일을 통합하는 것이 필요하다. 사람들의 인지스타일, 즉 사고방식을 겉모습으로 판단하는 것은 매우 힘들다. 인지스타일을 알려면 특별히 개발된 측정도구의 도움을 빌리는 것이 좋다. 그러한 도구 중의 하나가 MBTI이다. 칼 융의 개념을 이용하여 사람들의 인지스타일을 측정하는 도구로 널리 사용되고 있으며, 도구의 안정성 역시 높은 것으로 알려져 있다. MBTI 도구와 더불어, 서로 다른 스타일의 사람들이 부딪칠 때의 관리 요령도 개발되어 있어 편리하다.

MBTI와 같은 도구를 통하여 다른 사람은 나와 다른 생각을 할 수 있다는 것을 팀원들이 알 필요가 있다. 사람들은 자신의 유리창을 통하여 세상을 본다. 따라서 남들도 나와 똑같은 유리창을 가지고 있을 것이라고 가정한다. 이러한 가정이 잘못되었음을 인식시키는 것이 첫 번째 목적이다. 두 번째 목적은 서로 다른 인지스타일이 창의적 문제해결에 도움이 된다는 사실을 인식시키는 것이다. 비록 사고의 차이로 서로 다른 이야기를 할 수 있지만 다른 종류의 사고도 문제해결에 중요하다는 사실을 이해하도록 유도하는 것이다. 이런 관리가 잘 이루어지기 위해서는 다양한 사고를 하는 사람들을 능숙하게 통합시키는 잘 훈련된 리더가 필요하다.

세 번째로 다양한 문제해결 도구와 방법들을 통합할 필요가 있다. 다양한 문제해결 도구는 창의적 문제해결에 필요한 반면 소모적 갈등의 원인이 되는 경우가 많다. 서로 다른 도구와 방법에 대한 이해도가 낮기 때문이다. 이로 인한 갈등을 줄이기 위해서는, 구성원들이 이질적인 도구나 방법에 대해 방해가 된다고 생각하기보다는 다양한 약효를 갖는 약초들이 한 접시에 모여 있다고 생각할 수 있도록 하는 사전 교육이 필요하다. 또한 문제해결의 이슈가 방법론의 선택이 아니라 어떤 방법으로든 문제해결이라는 과업성취에 있음을 상기시킴으로써, 도구 및 방법 선택을 두고 전쟁할 것이 아니라 어떤 도구나 방법을 사용하든 문제해결이라는 목표 성취가 중요하다는 관점으로 전환시키는 것이 매우 중요하다.

위의 세 가지 방법들이 성공하기 위해서는 팀이 다양한 사람들로 구성된 이유를 구성원들 모두 확실하게 아는 것이 중요하다. 이를 위해서는 우선 팀의 비전이 명확해야 한다. 어느 수준의 과업이 요구되는지도 분명해질 필요가 있다. 이렇게 되면 구성원들은 자신의 배경에 집착하기보다는 팀의 목표를 우선순위에 두는 정렬효과를 가질 수 있다.

집단간 마찰 일으키기

창조적 마찰을 일으키는 두 번째 방법은 집단간의 마찰을 불러일으키는 방식이다. 이 방식은 개인이 아니라 집단 사이에서 상호작용이 일어나도록 하는 것이다. 대체로 하나의 집단은 시간이 흐를수록 집단 내 상호작용으로 지식이나 사고를 공유하면서 서로 유사해진다. 이러한 문제를 극복하기 위해 두 개의 팀에게 동일한 주제의 연구를 수행하도록 하여 경쟁시키는 것이 집단간 마찰 일으키기이다. 집단간 마찰은 동일한 문제에 대하여 서로 다른 해결 결과를 비교하는 데서 시작한다. 이를 통하여 전혀 경험하지 못하였던 새로운 자극을 서로에게서 얻게 하는 방식이다.

집단간 마찰을 통한 문제해결은 화학산업에서 종종 볼 수 있는 방법으로, LG화학의 퀴놀론계 항생제 개발시에도 발견된다. 일반적으로 신약 개발은 수많은 시행착오에 의한 결과로 얻어진다. 따라서 어떤 방식이 더 좋은가 나쁜가는 실제 실험을 하지 않으면 알 수 없는 경우가 많다. 이러한 실험은 백사장에 떨어진 바늘 찾기 행위로 비유할 수 있다. 백사장에 떨어진 바늘을 찾기 위해서는 다양한 시각에서 실험하는 것 이외에는 왕도가 없다. 이 때 사용되는 것이 유사한 과제를 여러 개의 팀이 독립적으로 동시에 연구하는 방법이다.

퀴놀론계 항생제에 대한 연구가 본격화되자, 연구팀은 특정 분자구조를 다른 원소로 변환하는 것을 연구과제로 삼았다. 하지만 분자구조변환만 하여도 매우 다양한 접근방식이 존재했으므로, 이 중에서 어느 것이 좋을지 판단하기가 매우 어려웠다. 이에 따라 연구팀은 두 개의 파트로 나누어 연구를 진행하게 되었다. 각 파트의 리더는 지식기반 특성이 서로 다른 박사급 인력이었다. 따라서 서로 다른 관점을 가지고 연구를 수행할 수 있었으며 선의의 경쟁적 연구도 가능하였다. 두 파트의 연구는 독립적으로 진행되었지만 연구과정에서 나타나는 문제점이나 새로운 발견사항에 대해서는 수시로 토의하고 정보를 교환하였다. 연구가 끝날 때까지 이러한 방식을 지속함으로써 퀴놀론계 항생제를 개발하기에 이른 것이다.[24]

폐기학습과의 관계

문제해결의 심리적 함정을 벗어나는 방법으로 두 가지가 제시되었다. 하나는 인지적 동요현상을 일으켜 탈중심화를 유도하는 방법이다. 다른 하나는 창조적 마찰을 통하여 서로 다른 지식들이 통합되도록 하는 방법이다. 탈중심화 방법은 기존지식이나 방법의 한계를 인식하는 과정에서 발생한다. 창조적 마찰은 이종지식간에 충돌을 일으켜 다른 지식의 관점을 수용통합하도록 하는 방식이다. 탈중심화와 창조적 마찰은 폐기학습과 관련이 깊다. 폐기학습이란 기존에 알고 있던 지식이나 방법론

24 이춘근, 앞의 논문.

을 포기하는 것을 말한다.[25]

폐기학습은 3가지 기능을 한다. 첫째, 문제를 바라보는 기존 관점을 버리게 만든다. 문제해결의 심리적 함정에서 설명하였듯이 사람들은 마음 속에 잠복가정을 가지고 있다. 이러한 문제는 이렇게 접근해야 한다는 무의식적 가정을 저마다 가지고 있는데, 폐기학습은 이것을 버리게 만든다.

둘째, 기존에 알고 있던 자신의 지식체계를 버리게 만든다. 사람들은 과거 경험의 결과로 이런 문제는 이렇게 풀어야 한다는 인과구조를 머리에 가지고 있다. 이것에 집착하는 한 새로운 해결책을 내놓기는 매우 어려워진다. 하지만 사람들은 자신의 머리 속에 있는 기존의 인과구조를 버리는 것을 매우 싫어한다. 이로 인해 형성된 심리적 함정이 기능적 고착이다. 이 고착을 버리게 만드는 것이 폐기학습이다. 셋째, 재학습을 촉진하는 역

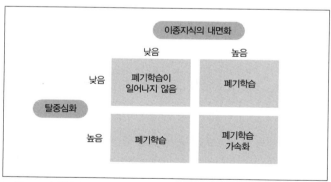

● 그림 7-5 **폐기학습이 일어나는 영역**

25 Hedberg, B. L. T.(1981), *How Organizations Learn and Unlearn*, Research in *Organizational Behavior*, pp. 75~123.

지식점프

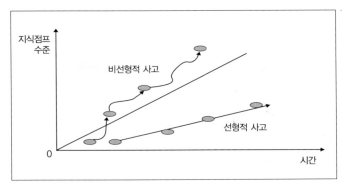

지식점프
수준

비선형적 사고

선형적 사고

0

시간

● 그림 7-6 **폐기학습과 비선형적 사고**

할을 한다. 즉 폐기학습은 기존 지식이 아닌 새로운 지식과 새로운 학습이 문제해결에 필요함을 깨닫게 하는 기능을 한다.

〈그림 7-5〉는 탈중심화와 이종지식의 내면화가 폐기학습과 어떤 관련이 있는가를 보여준다. 탈중심화가 낮고 이종지식의 내면화가 낮은 경우는 폐기학습이 전혀 일어나지 않는다. 폐기학습이 일어나기 위해서는 탈중심화 또는 이종지식의 내면화 중적어도 어느 하나는 일어나야 한다. 만일 이 둘 모두 일어난다면 폐기학습이 가속적으로 일어날 가능성이 매우 높아진다.

폐기학습이 일어났을 때의 효과를 〈그림 7-6〉이 보여준다. 〈그림 7-6〉에서 지식점프는 비선형적 사고가 일어났을 때 발생한다. 기존의 지식을 새로운 분야에 응용함으로써 새로운 제품 개발에 성공한 경우(지식응용), 기존의 방식이 아닌 새로운 방식을 생각해 낸 경우(지식갱신) 또는 전혀 불모지인 지식의 세계에 도전한 경우(지식비약) 등 이 모두는 기존 지식의 연장선이 아닌 지식 프레임워크와 지식요소의 대폭적인 변화에 의해서만 가능하다. 이러한 지식점프는 폐기학습이 성공적으로 일어나지 않은 상태에서는 어렵게 된다. 즉 기존의 지식체계를 버리고 재학습을 일으키지 않고서는 지식점프를 기대하기 어렵다.

문제해결 역량 미달

문제해결의 심리적 함정을 극복하는 것은 지식점프에 매우 필수적이다. 여기서 이와 더불어 한 가지를 더 지적하고자 한다. 많은 기업에서 의욕적인 혁신프로젝트가 실패로 돌아가는 경우를 자주 본다. 혁신강도가 높을수록 매우 탐색적이고 탐험적인 문제를 혁신팀이 풀어 가야 한다. 혁신팀원들은 주로 여러 부서에서 차출되는 경우가 많다. 문제가 도전적인 만큼 각 부서에서 최고수준의 사람들이 모여야 한다. 그런데 현실은 그렇지 않다. 당장 현업이 중요한 부서장으로서는 가장 유능한 사람을 주고 싶지 않다. 뿐만 아니라 중간 정도의 사람들도 주고 싶지 않은 경우가 많다. 결국 평소 처치곤란에 있거나 부서에서 능력이 가장 떨어지는 사람을 팀원으로 내놓는다. 이런 팀을 가지고 도전적인 문제를 푼다는 것은 애초부터 불가능하다.

또 어떤 기업에서는 유능하지 않은 사람들을 구조조정할 목적으로 혁신팀을 가동하고 이들을 투입한다. 운 좋게 여기서 혁신적인 결과를 얻는 경우도 있지만 대부분은 그렇지 못하다. 사장은 회심의 미소를 지으면서 이들을 구조조정한다. 귀책사유가 분명해졌기 때문이다. 하지만 이런 일은 지식점프를 꿈꾸는 기업에서는 절대로 일어나서는 안 되는 일이다.

한번 이렇게 되면 정작 지식점프를 위한 혁신프로젝트를 진행하고자 해도 사람들은 혁신팀에 차출되기를 꺼린다. 조만간 옷을 벗어야 할지 모른다는 공포감을 갖기 때문이다. 또 혁신팀에 끼는 것은 무능한 사람들로 여겨지기 때문에 거부감이 커지게 된다. 이것이 확산되면 지식점프를 하고자 해도 이를 거부하는 악성문화가 만들어진다.

창의성이론 중에서 10년 규칙(10 year rule)이라는 것이 있다.[26] 고도의 창의성은 10년 이상의 전문적 지식을 가진 베테랑들에게서 나온다는 경험규칙이다. 이런 베테랑들이 모여 문제해결의 심리적 함정을 극복하게 될 때 지식점프가 급진적으로 이루어진다.

세계에서 최고수에 해당하는 미국의 생명공학자가 인간을 포함한 영장류의 줄기세포 배아복제는 불가능하다는 자신만만한 결론을 내렸다. 이것을 비웃듯이 세계 최초로 인간배아 줄기세포 복제에 성공한 사람이 황우석 교수이다. 황 교수의 말이 매우 의미심장하다. 이런 연구결과를 얻을 수 있었던 것은 국내 생명공학 분야의 최고수들이 모여 구성된 드림팀이 있어서 가능하였다는 것이다. 드림팀, 이것은 지식점프를 위해서도 매우 중요하다.

26 Weisberg, R. W.(1999), "Creativity and Knowledge : A Challenge to Theories", In Robert J. Sternberg(Ed.), *Handbook of Creativity*, pp. 226~250, NY : Cambridge University Press.

지식점프를 위한
조직설계는 가능한가?

지식점프를 위해서는 의도적인 문제제기와 심리적 함정을 극복하는 문제해결이 원활히 일어나야 한다. 이것을 가능하게 하는 조직설계가 가능할까?

　의도적인 문제를 끊임없이 제기하고 이를 끈기 있게 풀어가면서 놀라운 지식점프를 매일 매일 이루어내는 기업이 있다. 이 기업의 지식점프 시스템을 나는 자기탈구성조직, 영어로는 Self-Deconstruction Organization(SDO)이라고 이름 붙였다.

　이 기업의 특징은 자기지식의 껍질을 끊임없이 벗는 데 있다. 마치 뱀이 허물을 벗듯이 과거의 자기지식을 벗어 버린다. 그리고 새로운 지식을 창조하여 채워 넣는다. 이 놀라운 일을 누가 시켜서 하는 것이 아니라 스스로 한다. 이렇듯 스스로 자기지식을 버리고 재구성하는 조직이라는 뜻에서, 자기탈구성조직이라고 이름 붙인 것이다. 이 기업은 다름아닌 LG전자, 그 중에서도 창원공장이다.

창원공장의 정식명칭은 'LG전자 디지털 어플라이언스 사업본부' 이다. 주로 에어컨과 에어컨용 압축기, 냉장고와 냉장고용 압축기, 세탁기, 식기세척기, 전자레인지 및 가스 오븐레인지와 진공청소기 등을 생산하는 기업이다. 한마디로 한국에서는 한물 갔다는 소리를 듣는 가정용 백색가전을 생산하는 곳이다. 원가로는 중국에 밀리고 품질로는 일본에 치이는 애물단지 같은 산업에 종사하고 있는 것이다. 창원공장은 이 애물단지 산업을 세계적 수준으로 끌어 올리는 데 혁혁한 공을 세웠다.

미국에서 LG전자의 가전제품은 더 이상 싸구려가 아니다. 가장 눈에 띄는 곳에 진열된다. 러시아에서는 국민 브랜드로 추앙받는다. 세계 40여개 국에서는 휘센 에어컨이 시장점유율 1위를 차지하고 있다. 인도에서는 LG전자 브랜드가 세계 최고로 대접받는다. LG전자의 위상이 이 정도로 높아지게 된 데에는 창원공장의 피눈물 나는 지식점프 노력이 있었다. 조직적으로는 세계에서 보기 드문 자기탈구성조직을 설계해 내면서 이루어낸 일이다.

창원공장의 자기탈구성의 핵심은 앞에서 설명한 내용들과 밀접한 관련이 있다. 먼저 의도적으로 문제를 제기하는 능력이 뛰어나다. 다음으로 심리적 함정을 극복하면서 이 문제들을 기가 막히게 푼다. 그리고 이렇게 만들어진 혁신적인 방법들을 현장에서 지체 없이 실행한다. 물론 과거의 방식은 순식간에 폐기한다. 창원공장은 지금까지 설명한 지식점프의 원리를 조직 내에서 그대로 구현한 것이다.

의도적 문제제기: 성찰

창원공장만의 독특한 문제제기 방식이 있다. 바로 목표전개라는 체계화된 방식이다. 어쩌다 눈에 띄는 것을 문제로 인식하겠다는 발상이 아니라 수건을 쥐어짜듯이 문제를 쥐어짜 만들어내겠다는 의도가 담겨 있다. 문제 쥐어짜기는 중장기 비전에서 출발한다. 향후 세계시장에서 어떤 위상을 가질 것인가에 대한 전사적 합의를 통해 비전을 도출한다. 비전이 확정되면 매년도의 사업목표를 설정하는 단계로 넘어간다. 사업목표는 매출액과 경상이익 또는 EVA와 같은 재무지표를 중심으로 설정한다.

여기까지는 일반기업과 매우 유사하다. 하지만 창원공장은 여기서 한걸음 더 나아간다. 사업목표를 기업의 혁신목표로 전환하는 작업이 이루어진다. 이 때 핵심은 사업목표에 부정적인 영향을 미치는 요인들을 분석하는 것이다. 환율변동, 판매가 하락, 관리비용 증가 등이 이런 요소들이다. 이들 사업목표 저해요인에 대한 분석을 통해, 다음 연도의 사업목표달성 차질 정도를 계산해 낸다. 이렇게 계산된 금액과 차년도 사업목표 금액을 합산하여 다음 해에 전개될 혁신목표금액을 산출한다. 〈그림 8-1〉의 왼편이 이러한 과정을 보여준다.

혁신목표가 설정되면 이것을 어떤 부문에서 달성할 것이며 이때의 핵심성과지표(KPI)는 무엇으로 할 것인가를 결정한다. 〈그림 8-1〉의 가운데가 이것을 설명하는 부분이다. 혁신목표를 매

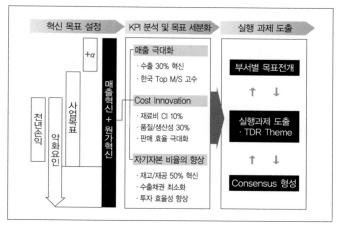

　● 그림 8-1　혁신과제의 도출과정

출부문, 원가절감과 생산성 향상부문 및 자기자본 생산성 관련
부문에서 달성하겠다는 것을 말해 주고 있다. 이것을 목표세분
화라고 한다.

　목표세분화 분석이 끝나면 각 제품 사업부와 단위 부서로 목
표전개가 이루어진다. 혁신목표를 할당받은 각 사업부와 단위
부서는 이러한 목표를 달성할 수 있는 혁신과제들을 도출하게
된다. 과제 도출에는 하위자들만 참여하는 것이 아니다. 사장과
사업부장을 포함한 전계층이 이 일에 참여한다. 계층이 높을수
록 전사적이거나 사업부간의 혁신과제들에 관심을 갖는다. 사
업부 내에서는 주로 사업부 차원이나 각 부서간의 문제들이 도
출된다. 이러한 문제도출은 개인수준으로까지 전개된다.

　목표전개 방식에 의하여 문제를 도출하는 것은 어떤 의미를
가지고 있을까? 문제를 생각해 내는 것은 전형적인 성찰 행위를

말한다. 성찰이란 현재하고 있는 일에 대한 주의 깊은 고려를 의미하는 말로, 원래 회고적 의미를 가지고 있다. 지난날의 행위를 회고하면서 목표와 성과 사이에 차이가 있었는지를 살피는 것이다. 그런데 창원공장에서의 성찰은 전향적 성격을 갖는다. 전향적 성찰은 과거가 아닌 미래 지향적이라는 점이 특징이다. 미래에 있을지도 모르는 성과달성의 차질을 미리 예상하여 이를 보전할 방법을 찾자는 점에서 회고적 성찰과 차이가 있는 것이다. 즉 미래에 있을지 모르는 위기를 극복하기 위하여, 이를 극복할 수 있는 문제들을 추출해 내는 것이 창원공장에서 사용하는 방식이다.

혁신과제는 과제의 경영성과 기여도 및 파급도를 중심으로 몇 가지 등급으로 관리된다. 가장 등급이 높은 과제는 슈퍼 A 과제라고 부르는데, 경영성과의 기여도와 파급효과가 크며 전사적 차원에서 추진되는 과제이다. 보통 1년 이상의 장기과제로 탐색적이거나 탐험적인 성격을 갖는 것들이다. 각 사업부 중심의 과제는 슈퍼 A 과제에 비하여 기여도와 파급도가 상대적으로 낮으며 개별제품 사업부 차원에서 관리된다. 부서 혹은 개인 수준의 과제는 등급이 제일 낮은 과제로 분류되어 소규모 단위나 개인 수준에서 처리된다.

문제의 도출은 일상업무가 이루어지고 있는 현업수행조직을 중심으로 이루어진다. 현업에 정통하지 않으면 현업을 혁신할 수 있는 문제제기가 어렵기 때문이다. 생산을 하다가, 자재를 공급받다가, 관리업무를 수행하다가 또는 판매를 담당하다가 생겨나는 문제들을 평소에 기록한다. 혁신목표가 할당되면 이들 문제들을 우선적으로 활용한다. 따라서 모든 구성원은 평상시에도 문제를 찾아내는 집중력이 매우 뛰어나지 않으면 안 된다.

창원공장에서 문제제기의 집중이 얼마나 강하고 예리한지는 평소 도출되는 문제의 수를 보면 알 수 있다. 일반 기업에서 행하는 QC수준의 혁신은 그 건수가 너무 많아 집계하기 어려울 정도이다. 전사적 물류체계 개선과 같이 혁신규모가 전사에 걸치는 혁신주제만도 1년에 300여 개가 넘는다. 이러한 수준의 주제를 매년 다루다 보면 문제의 고갈이 일어날 법도 하다. 하지만 창원공장에서는 그렇지 않다. 문제의 수준을 계속 확대해 나갈 뿐 아니라 문제를 보는 섬세함이 계속 증가하고 있기 때문이다.

과거에는 100만 개 중 100개의 불량(100ppm)을 목표로 문제가 제기되었다. 하지만 얼마 안 가 이 목표는 100만 개 중 3개 수준으로 상향되면서, 과거에는 문제로 인식되지 않았던 부분이 문제로 인식되기 시작하였다. 이를 통해 새로운 과제들이 쏟아져 나오게 되었다. 문제의 범주에도 확장이 일어나고 있다. 과거에는 생산부서들 중심의 혁신과제가 주를 이루었으나, 이제는 생산과 시장이 연결된 문제에 주목하고 있다. 시장이 바뀔 때마다 새로운 시각에서 생산을 바라보면서 새로운 문제들을 발굴해 내는 것이다.

문제해결

현업에서 제기된 문제는 문제의 도전성 정도에 따라 다르게 처리된다. 문제의 도전성이 낮은 것은 부서 또는 개인 수준의 혁신과제로 분류되어 현업업무를 수행하면서 문제해결을 시도한다. 하지만 전사적 과제와 같이 도전성이 강한 혁신과제는 반드시 별도의 문제해결팀이 결성된다. 창원공장은 이들을 TDR팀이라고 부른다. TDR은 'Tear Down and Redesign'이라는 영어 표현의 머리말을 조합하여 만든 것이다. 모든 것을 찢어서 새로 디자인한다는 정신을 담고 있다.

　TDR팀은 현업조직에서 분리되어 운영된다. TDR팀의 결성목적이 현업의 업무수행이 아닌 혁신업무의 수행임을 분명히하고 현업조직의 간섭을 최소화하기 위해서다. 또한 TDR팀은 기본적으로 기능횡단팀으로 구성된다. 이는 기능별로 산재된 지식과 경험을 통합하여 혁신성과를 극대화하고자 하는 의지의 표현이다.

　이들 팀이 모여 하나의 조직을 구성하는데, 이를 TDR조직이라고 부른다. 현업수행조직이 독립된 조직으로 움직이는 것처럼 TDR조직 역시 독립된 조직으로 움직인다. 현업수행조직이 일상업무를 주요 임무로 맡고 있다면 TDR조직은 혁신문제만을 전담으로 해결하기 위한 조직이라고 할 수 있다. TDR조직이 얼마나 방대하고 중요한 조직인지는 TDR조직에 투입되는 인력의 수를 보면 알 수 있다. 창원공장에서는 대략 전체사원의 40% 수준이 TDR팀에서 일을 한다. 인원수로는 약 1600여 명에 이른다. 이들이 매년 300여 개에 해당하는 TDR과제를 수행한다. 이 숫자는 놀라운 것이다.

　그러면 이렇게 단순 계산하는 사람들이 있을지 모른다. 이들이 없어도 회사는 돌아가는 것이 아니냐고. 이런 질문을 하는 이들은 혁신과 이로 인한 새로운 지식의 위력을 전혀 이해하지 못하는 사람들이다. 이들을 내보냈다고 가정하자. 몇 년은 인건비 절약으로 재미를 볼 것이다. 하지만 시간이 지나면 현업에서는 볼멘소리들이 증가한다. 바쁜 데 인력을 달라고 아우성치게된다. 그래서 인력을 충원해 준다. 이런 식으로 하면 몇 년 안 가서 원래의 숫자만큼 증가해 버린다.

미국 해군에서 이런 조사를 한 적이 있다. 군함의 척수는 반으로 줄었는데 사람 수는 2배로 증가해 있더라는 것이다. 이는 실제적인 일이 줄어도 조직은 스스로 사람 수를 늘려 가려는 관성이 있음을 말해 주는 것이다. 이 관성으로 하지 말아도 될 일들이 기하급수적으로 늘어난다. 아무도 이것을 문제로 인식하고제어하지 않으므로 이 현상은 매년 지속된다. 결국 미 해군에서일어난 현상처럼 없어졌던 인력보다 더 많은 인력이 늘어날 가능성이 매우 높다. TDR조직이 있음으로써 인력의 불필요한 증가를 막을 궁리를 하게 된다는 것이 창원공장의 생각이다. 도전적인 공정혁신과 제품혁신으로 불필요하게 늘어날 수 있는 인력을 사전에 예방하면, 경쟁력 확보에 더 도움이 된다는 것이 이들 생각이다.

일반적으로 현업업무를 떠나 프로젝트 팀에 가담했던 사람들은 프로젝트가 끝나고 나면 내 자리가 없어지는 것은 아닌가 하는 불안감에 싸이게 된다. 그러나 창원공장에서는 이러한 불안이 없다. 오히려 TDR팀에서의 혁신 성과경력이 없으면 승진이불가능하다.

혁신과제의 해결은 매우 정교한 시스템에 의해서 이루어진다. TDR팀이 결성되면, 첫번째로 팀원들의 응집력과 비전공유를 위한 팀 빌딩이 기다리고 있다. 서로 다른 시각을 갖는 여러 부서의 사람들이 팀의 결성이유를 확인하고 정서적인 융합을 다지는 자리이다.

두 번째는 도전적 목표를 잡는 일이다. 이를 스트레치 골(stretch goal)이라고 부른다. 5%의 목표가 아니라 적어도 50%의 혁신이 이루어질 수 있는 목표를 선정한다. 도전적 목표를 설정하는 이유는 간단하다. 혁신팀의 마음밭을 기존의 연장선에서 벗어나게 하기 위해서이다.

문제해결 과정에서 혁신적이거나 창의적 해결을 방해하는 요소로 고착을 소개하였다. 과거의 성공경험, 개인의 기능적 배경, 잠복가정, 기존의 방식에 비추어 새로운 것을 검증하려는 태도 그리고 익숙하지 않은 것을 배척하려는 성향이 고착을 만들어 낸다. 도전적 목표는 이러한 고착을 약화시키는 효과가 있다. 따라서 도전적 목표는 혁신팀에게 문제해결 행위시 기존의 사고에서 벗어나라고 권하는 강력한 시그널로 받아들여진다.

세 번째, 이들은 표준화되어 있는 문제해결도구를 제공한다. 많은 혁신과제의 해결로 창원공장 사람들은 각종 문제해결도구에 익숙해 있다. 제품개발과 제조원가 절감을 위한 VIC21, 생산공정에서의 문제해결절차인 FI(Factory Innovation)-10, 그리고 마케팅에서의 시장조사 및 신시장 개척시 사용되는 PMS(Product Market Strategy)가 이들이다. 1996년 국내에 처음 도입되어 사용된 6시그마도 여기에 속한다.

네 번째 일은 TDR미팅이라고 불리는 것이다. 혁신과제가 팀별로 진행되면 최고경영자와 각 제품 사업부장 및 혁신관련 인력들이 정기적으로 또는 수시로 현장을 순회하면서 TDR팀들과 즉석 미팅을 갖는다. 이를 통해 혁신활동의 진척사항을 검토할 뿐만 아니라, 혁신활동중의 애로사항과 지원사항을 경청하고 필요한 경우 그 자리에서 의사결정을 내려 준다.

하지만 이보다 더 중요한 것은 혁신과제에 대한 재검토이다. 미팅에 참여하는 사람들은 각팀의 혁신활동을 순회하면서 혁신활동간의 연결고리를 파악할 수 있게 된다. 이렇게 얻어진 정보를 토대로 수행중인 혁신과제에 대해 더 나은 해결방안을 제시하거나, 진행이 잘못되고 있는 과제는 새로운 과제로 이전시켜 준다. 그리고 전사적 혁신목표에 부합하지 못하는 과제는 수정해 주기도 한다.

이를 통해 혁신활동의 궤도이탈을 막고 혁신활동을 독려하며, 혁신활동의 현업적용 가능성을 사전에 검증하게 된다. 경영층과 혁신팀 간의 밀착된 대화를 통해 혁신활동에 대한 재점검이 일어나도록 하는 것이 TDR미팅의 목적이다.

해결책의 수용과 신속한 혁신 실행을 통한 탈구성

많은 기업들이 상당한 시간과 비용을 들여 도전적인 혁신과제들을 수행하고서도 혁신적용에 실패하는 경우가 많다. 의미 있는 혁신아이디어가 만들어지면 이를 수용하여 자신의 옛모습을 버려야 함에도 불구하고, 적용대상이 되는 조직의 반발로 이런 기회가 종종 무산되기 때문이다. 창원공장은 여기에 치밀하게 대응하고 있다.

먼저 수용은 혁신이 이루어지는 단계에서부터 이루어진다. 즉 TDR활동이 전개되면 처음부터 의사결정층이 참여함으로써 혁신결과의 적용성과 수용성을 높여 간다. 이를 매개하는 곳이 TDR현장미팅이다. 현장미팅에는 최고경영자뿐만 아니라 혁신을 수용해야 하는 사업부장 및 부서장들이 참여한다. 이들은 현장미팅을 통하여 혁신의 수용성을 높이기 위한 대화를 시도할 뿐만 아니라 이 과정에서 자신들도 혁신을 어떻게 수용할 것인가를 스스로 구상하게 된다.

그 다음 혁신수용은 당연한 것이라는 문화를 끊임없이 만들어 간다. 이러한 문화는 TDR해결책에 대한 실행결과를 평가하여 시상하고, 해마다 사내외에 베스트프랙티스를 공표하는 방법으로 만들어 간다. 따라서 아무리 좋은 해결책이라도 실행되어 결과를 얻지 못하면 무용지물이라는 의식을 이 자리를 통해 심어 준다. 그리고 각 사업부와 부서가 혁신해결책을 실행 없이 끝내는 것은 용인되지 않는다는 점을 분명히 한다.

혁신안이 마련되면, 현업수행조직은 지체 없이 자신의 과거를 버리고 새로운 모습으로 변모하기 시작한다. 탈구성이 시작되는 것이다. 창원공장에서는 탈구성이 매우 빠르게 진행된다. 새롭게 전개되는 여러 가지 변화들 또한 매우 빠르게 안정된다. 변화는 일시적인 혼란을 가져오기 때문에 이를 속도감 있게 안정시키는 일은 매우 중요하다. 현업에서 탈구성이 매우 빠르게 진행되는 데는 최고경영자의 지대한 관심과 모니터링이 주요 역할을 한다. 하지만 이외에도 창원공장에서는 탈구성을 가속화하기 위한 제도적 장치를 마련하고 있다.

첫째, 혁신활동이 종료하면 혁신팀원들을 현업으로 복귀시켜 실제 적용을 위한 현장 지휘자 역할을 하게 한다. 혁신지식들을 효과적으로 이전시키기 위해서다. 즉 오랜 기간 혁신활동에 참여하면서 얻은 혁신아이디어가 현장에서 무리 없이 흡수 소화될 수 있도록 배려하는 것이다.

둘째, 혁신결과의 현업 수용에 대한 책임을 부서장에게 묻고 있다. 창원공장에서는 현업 부서장이 단순히 부서업무의 책임자로 그치지 않는다. 자신의 부서에서 파견된 TDR팀원들에 대한 혁신추진 및 모니터링의 책임도 맡고 있다. 따라서 부하직원이 수행한 혁신을 자기 스스로 거부하는 것은 부서장의 원천적인 책임을 수행하지 않은 것으로 간주된다.

이상의 내용들을 요약하여 설명하고 있는 것이 〈그림 8-2〉이다. 〈그림 8-2〉에 따르면 자기탈구성조직은 두 개의 조직으로

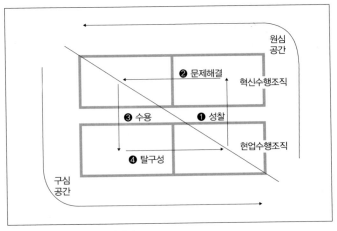

● 그림 8-2 **자기탈구성조직의 개념도**

구성된다. 하나는 현업수행조직이고 다른 하나는 혁신수행조직이다. 현업수행조직은 조직본연의 모습을 말한다. 생산하고 팔고 관리하는 등 기업의 본질적인 기능들이 여기에서 수행된다. 혁신수행조직은 현업수행조직에서 생기는 문제를 추출하고 이를 수정하려는 조직이다.

탈구성의 첫번째는 현업수행조직의 성찰행위에서 출발한다. 성찰은 현업수행조직이 가지는 문제를 의도적으로 제기하는 행위를 말한다. 문제가 제기되면 이는 혁신수행조직으로 옮겨가 본격적인 문제해결로 진입한다. 문제해결 과정을 통하여 해결책이 마련되면 현업수행조직은 이를 수용하기 위한 준비를 한다. 바로 혁신수행조직과 긴밀한 대화가 이루어지는 과정이다. 수용과정이 끝나면 현업수행조직은 본격적으로 자신을 탈구성하는 단계에 돌입하게 된다. 이러한 4가지 사이클이 끊임없이 일어나는 조직이 자기탈구성조직이다.

자기탈구성조직은 두 개의 공간 속에 존재한다. 하나는 원심(遠心) 공간이고, 다른 하나는 구심(球心) 공간이다. 원심공간은 '밀쳐내고 확산시키는' 이라는 뜻이 담겨 있다. 구심공간이란 '끌어당기고 수렴하는' 이라는 뜻을 담고 있다.

돌을 실에 매어 빙빙 돌려 보자. 그러면 돌은 바깥으로 나가려는 성질을 갖는다. 이것이 원심력이다. 하지만 돌은 궤도를 빙빙 돈다. 왜냐하면 끌어당기는 힘이 있기 때문이다. 이것이 구심력이다. 자기탈구성조직은 이들 원심력과 구심력이 균형을 이루고 있는 조직이다. 새로운 문제제기와 지식으로 현재의 자기를 벗어나면서도, 동시에 이 지식을 내부적으로 수렴하여 재빠르게 일상성을 되찾는 구심력도 함께 작용하는 조직이 자기탈구성조직이다. 〈그림 8-2〉에서 성찰과 문제해결은 원심력을 만들어 내는 활동이고 수용과 탈구성은 구심력을 형성하는 활동이다.

여기서 한 가지 주의하자. 현업수행조직과 혁신수행조직이 단순 결합되었다고 모두 자기탈구성조직이 되는 것은 아니다. 〈그림 8-2〉에서 보듯이 두 개의 조직에서 4개의 탈구성 사이클이 끊임없이 일어나고 있을 때 비로소 자기탈구성조직이라고 말할 수 있다. 끈에 돌이 달려 있어도 그냥 축 처져 있으면 원심력과 구심력은 발생하지 않는다. 이들이 힘차게 일정한 궤도를 돌아야 원심력과 구심력이 작용한다. 〈그림 8-2〉에서 보여주는 4개의 활동이 원심력과 구심력을 만들어 내는 기본활동이다.

글을 마무리하며

기업의 경쟁력은 기업의 특유지식이 많을수록 강해진다. 특유
지식이란 그 기업에게만 고유한 지식을 말한다. 다시 말하거니
와 70~80년대 막강했던 한국의 섬유산업과 신발산업이 붕괴한
이유는 단순히 중국이 이 산업에 진입해서가 아니라 중국과 차
별되지 않는 별 볼일 없는 지식에 근거하여 산업을 꾸려 왔기
때문이다.

중국이 아무리 치고 들어와도 굳건히 섬유산업을 지키고 있는
이탈리아와 비교해 보면 쉽게 알 수 있다. 이탈리아의 섬유산업
이 가지고 있는 강한 경쟁력은 이탈리아 기업만의 고유한 지식
이 있어서 가능한 것이다.

지식점프는 기업의 특유 지식을 높이기 위한 것이다. 어떤 기

업도 쫓아올 수 없는 특유지식을 갖는 것이 지식점프의 궁극적인 목적이다. 지식점프로 기업 특유지식을 가질 수 있는 이유는 이 과정에서 돌연변이 지식을 가질 수 있기 때문이다. 빛에 대한 아인슈타인의 이론은 당시 풍미했던 뉴턴 이론에 대한 돌연변이 지식이다. 아인슈타인은 그 돌연변이를 '특수상대성'이라는 말을 붙여 표현했다. 상대성 이론의 돌연변이, 즉 특수한 경우라는 뜻이다.

이 돌연변이 지식은 지식점프 과정을 통해 만들어지는데, 그 첫단추는 탐색적이거나 탐험적인 문제를 찾는 것에서 시작된다. 특수상대성이론은 당대 학자들이 아무도 품지 못했던 탐험적인 문제를 아인슈타인이 처음 제기하면서 출발하였음은 이미 설명한 바 있다.

탐색적이거나 탐험적인 문제가 돌연변이 지식을 낳는 이유는 이들 문제가 갖는 성질 때문이다. 문제는 대략 두 가지로 설명할 수 있다. 하나는 금맥찾기 같은 문제이고, 다른 하나는 집찾기 같은 문제이다.[27] 금맥찾기와 집찾기는 본질적으로 성질이 다르다. 금맥찾기는 도대체 어디에 금이 있는지 알지 못하면서 금을 찾겠다고 나서는 문제이다. 금맥 찾는 데 특별한 방법이 있는 것은 아니다. 그때 그때 주어지는 정보에 따라 이리 저리 헤매는 방식으로 금을 찾는다.

하지만 집찾기는 집을 찾아가기 위한 여러 정보가 지도라는 곳에 함축되어 있다는 점에서 차이가 있다. 아무리 처음 가는

---

27 Perkins, D. N.(1995), "Insight in Minds and Genes", In Robert J. Sternberg and Janet E. Davidson(Eds.), *The Nature of Insight*, pp. 495~533, MA : The MIT Press.

곳이라고 하여도 상대방에게서 어떤 길을 따라서 어떤 이정표대로 찾아오라는 정보를 들을 수 있다. 따라서 비록 한두 번의 시행착오는 있을지언정 집을 찾아가는 것은 그리 어렵지 않다.

탐색적이거나 탐험적인 문제는 금맥찾기 문제와 유사하다. 어떤 것이 정답인지, 어디로 가야 문제가 풀리는지 도대체 알 수 없다. 하지만 이렇게 헤매는 과정에서 전혀 예기치 않았던 섬광들이 머리에 스치면서 돌연변이 지식이 탄생한다. 문제가 매우 도전적일수록 헤맬 확률이 높아진다. 사실 많이 헤맬수록 돌연변이 지식을 얻을 가능성이 높아진다. 헤맨 만큼 수만 가지 새로운 문제와 시행착오에 부딪치면서 별별 일을 다 경험할 수 있기 때문이다. 어디로 가야 하는지 알기 어려우므로, 우연한 발상이나 말도 안 되는 발상도 일단 해보고 본다. 이러한 우연성이 신기하게도 지식의 변이를 크게 일으킨다.

LG화학은 퀴놀론계 항생제를 개발하면서 금맥찾기 과정을 그대로 겪었다. 6각형 분자구조에서 한참을 헤매다가, 이것이 안 되자 5각형 분자구조에서 또 한참을 헤매었다. 그러다 스며든 것이 5.5각형 구조이다. 처음부터 5.5각형 분자구조를 시도한 것이 아니다. 수많은 시행착오 속에서 불현듯 스쳐 지나간 엉뚱한 생각이 5.5각형 분자구조를 이끌어 낸 것이다.

집찾기 문제에서는 지식의 큰 변이를 기대할 수 없다. 집을 찾는 것은 사실은 이미 정해진 과정을 그대로 쫓아가는 데 불과하다. 시행착오가 최소화되기 때문에 우연성이 끼어들 틈이 없다. 조금만 숙련이 되면 그 정도는 누구나 다 한다. 남들도 다 할 수 있는 정도의 문제가 집찾기 문제이다.

한국의 기업들은 지금껏 기껏해야 집찾기 정도의 문제를 풀어 보았다. 모르면 다른 나라의 기업을 기웃거리며 누군가 지도에 대한 정보를 던져 주기를 기다리면서 문제를 해결했다. 하지만 이 정도로 지식점프를 기대할 수는 없다. 이러한 문제를 통한 지식은 지도 보는 능력이 조금만 있으면 어떤 나라의 기업들도 얻을 수 있다. 지금 중국은 우리나라 기업들이 푸는 집찾기 문제 정도는 혼자 할 능력을 갖추기 시작하였다. 이것이 한국 기업들이 곤란해지고 있는 이유이다.

지식점프를 위해서는 금맥찾기에 나서야 한다. 불행히도 한국의 많은 기업들은 노다지는 캐고 싶으면서도 정작 금맥찾는 일은 안 한다. 왜 그럴까? 금맥을 찾는 일은 인내심과 강인한 노력, 때로는 모험을 요구하기 때문이다. 이런 것이 싫어 자꾸 집찾기 문제 같은 것이 어디에 있는지 기웃거린다. 이렇게 해서는 특유의 경쟁력을 가질 수 없다.

진정으로 지식점프를 원한다면, 그만큼 탐색적이며 탐험적인 문제를 제기하고 이를 풀어 나가려는 자세를 가져야 한다. 도전적인 문제를 접하면 내 지식이 어느 정도이고 어디가 부족한지를 알게 된다. 이 부족한 지식을 알아야 누구에게 무슨 지식을 빌려올지도 알 수 있다. 도전적인 문제가 제기되면 일순 긴장감이 감돌게 된다. 가슴이 답답해지고 어떻게 해야 할지 모르는 혼동의 순간도 경험하지만, 어떻게 해서든지 해결하지 않으면 안 된다는 오기도 발동한다. 이것이 구성원들의 강한 노력을 이끌어 내는 원천이기도 하다.

지속적인 경쟁력을 가지려면 탐색적 문제와 탐험적 문제를 한

두 번 푸는 것으로 끝내서는 안 된다. 줄기차게 제기하고 풀어야 한다. 이것을 시스템상에서 가능하게 하려면 특별한 조직설계가 필요하다. 이렇게 설계된 조직이 자기탈구성조직이다.

자기탈구성조직은 현업수행조직과 혁신수행조직으로 구분 및 설계된다. 탈구성 사이클은 현업수행조직이 자신에 대해 문제를 제기하는 데서 시작한다. 이들 문제를 해결할 인원들이 할당되고, 이들이 현업수행조직을 떠나면서 혁신수행조직이 만들어지게 된다. 현업수행조직을 멀리서 바라다보며 현업수행조직의 문제를 타인적 관점에서 해결하는 것이 혁신수행조직의 존재이유이다. 가능한 한 현재 사용되고 있는 지식에서 벗어나는 새로운 해결책과 지식을 찾아야 이들의 임무가 완성된다고 할 수 있다.

혁신수행조직에서 만들어진 지식은 다시 현업수행조직으로 흡수된다. 이를 위해 수용과정이 필요하다. 앞에서 설명하였듯이 수용은 피아제가 지식생성을 설명하면서 사용한 개념이다. 혁신수행조직이 제시하는 새로운 대안은 현업수행조직에게는 생소한 것이다. 이런 새로운 대안은 기존의 지식에 동화되지 않는 관계로, 보통의 기업에서는 배척당하기 일쑤이다. 하지만 자기탈구성조직에서는 이를 수용함으로써 본연의 내가 가지고 있는 지식을 바꾸려는 적극적인 자세를 갖는다. 수용된 혁신대안을 통해 현업수행조직은 새로운 나로 탈바꿈하게 된다.

자기탈구성조직에서는 탈구성 사이클을 중심으로 자기와의 대화가 끊임없이 일어난다. 첫째는 자기자신의 문제를 들추어내기 위한 대화이다. 내 자신이 어떤 문제에 봉착해 있는지, 앞으로 새로운 환경에서 생존하기 위해서는 무엇을 수정해야 하는지가 대화의 주제이다. 두 번째는 제기된 문제를 풀어 나가기 위해 던져지는 대화로, 문제해결의 심리적 함정을 최소화하기 위한 것이다. 마지막은 새로운 아이디어나 지식을 받아들이기 위한 대화이다. 혁신을 행하는 혁신수행조직과 이것을 수용하는 현업수행조직 사이에는 서로 다른 시각이 있을 수 있다. 이 시각차를 좁히기 위한 대화가 이것이다.

이제 글을 마무리하고자 한다. 이 책은 한국기업들이 어떻게 하면 험악해지는 국제경쟁환경에서 살아남을 수 있을까를 염려하면서 시작되었다. 과거에는 공테이프 수준의 제품이나 서비스를 만들어 팔아도 생존할 수 있었다. 하지만 지금은 이것이 불가능하다. 공테이프를 선천적으로 잘 만드는 나라, 중국이 등장했기 때문이다. 그렇다면 어떻게 해야 하는가? 일단 중국으로 피신하여 목숨을 연장하는 것이 제일 먼저 떠오르는 방법이다. 하지만 이 방식은 당장의 생명연장에는 도움이 될지는 몰라도 오랜 생명을 보장하지는 못한다.

그럼 무엇을 해야 하는가? 지식점프의 길로 들어서자는 것이 나의 주장이다. 다행히 한국에서도 세계적인 기업으로 도약하는 기업들이 생겨나고 있다. 이들 기업이 무슨 일을 하였는지 알면 이들 기업처럼 되는 길이 열릴 수 있다. 이들 기업의 비밀을 조금이라도 캐내 공유해 보자는 것이 이 책의 목적이다. 모든 한국기업이 지식점프의 환희를 맛보는 날을 기대하면서.

.